어느 날 당신에게
영혼이 보이기 시작한다면

# 어느 날 당신에게
# 영혼이 보이기 시작한다면

*Life with Soul*

차길진 지음 · 채수빈 엮음

들어가며

# 어느 날,
# 내게 다가온 영혼들

어느 날 내게 다가온 영혼들을 만나면서 때로는 엄청난 격랑을, 때로는 한없는 적료(寂廖)를 겪어야 했던 지난 시간을 돌이켜봅니다. 찰나 같던 그 순간들이 차곡차곡 쌓이면서 많은 이야기들을 만들어주었습니다.

그 이야기가 늘 아름다웠다거나 감동적이었다고는 말할 수 없습니다. 무엇을 갈구하는 영혼들을 어루만지면서도 마음 한 구석에서는, 왜 하필 저들은 내게 찾아온 것일까? 왜 자신들의 이야기를 내게 들려주는 것일까? 이처럼 '왜'라는 의문을 떨치지 못했기 때문입니다.

하지만 나는 수많은 의문과 우여곡절 속에서도 결국 그들이 만나고 싶어 하고, 말하고 싶어 하는 사람들을 서로 연결하는 매개자로 묵묵히 살아왔습니다.

그렇게 어느덧 30년이라는 시간이 흘러왔습니다.

그 긴 시간 동안 영혼과 마주하고 지나왔음에도 여전히 나는 영혼의 세계를 명확히 설명할 수는 없습니다.

알면 알수록, 들어가면 들어갈수록 점점 더 광활히 넓어지는 우주처럼 영혼의 세계는 만족할 만큼 '알았다'거나 충분히 '알려주었다'고 말하기엔 언제나 부족함이 따르는 듯 합니다.

이제 나는 이 모든 것이 나의 천명(天命)이었으며 내게 주어진 숙제를 풀어나간 일이라고 생각할 수 밖에 없습니다. 하필 그들이 나에게 찾아와 이야길 하려 했던 것도, 그들을 위로하는 구명시식\*을 하게 된 것도 나의 천명이었기 때문이라 갈음할 따름입니다.

그러한 활동의 발단은 예사롭지않게 생을 마감하신 선친의 생전 흔적을 따라가는 일로부터 시작되었습니다. 그 과정에서 세상에 미처 알려지지 않은 많은 선친의 업적들을 찾아내고 현창(顯彰)의 노력을 기울여 온 것은, 어린 나이에 아버지를 여읜 평범한 아들로서 못다 한 효도를 조금이나마 해보려는 것이었습니다.

이를 두고 쉽지 않은 효행(孝行)이라 과분하게 추켜세우는 이들도 있지만 그저 나는 내가 해야 할 일들을 해 온 것뿐입니다. 그 과

---

구명시식(救命施食) 불가에서 중생들의 병을 치유하는 의식인 구병시식(救病施食)에서 따온 말로서, 영혼을 천도하여 생명을 구하는 의식으로 발전.

정에서 수많은 영혼들이 들려주는 많은 사연들을 접하면서 그 영혼들을 달래고 위로하지 않을 수 없었습니다.

나는 그렇게 쌓이는 많은 이야기들을 여러 책과 작품 속에 영혼의 실체에 대한 실마리들을 녹여 넣으면서 자칫 영혼세계에 대한 괜한 오해가 생기지나 않을까 얼마나 조심, 또 조심했는지 모르겠습니다. 그것이 시의적절(時宜適切)한 것인지 늘 고심해 왔습니다. 누군가 '영능력자'라는 이름으로 나를 부를 때면 혹여 그 이름이 누군가의 호기심을 채우는 데에 쓰여지는 것은 아닌지 걱정했던 것 역시 이제는 고백할 수 있습니다.

그러한 우려속에서도 나는 내가 있는 자리에서 최선을 다해 보이지 않는 세계에 대한 눈을 뜨게 하였고, 사랑으로 모든 허물을 치유하도록 기도했으며, 마치 내가 그랬던 것처럼 우리 모두가 각자의 천명 앞에 담담해지길 수없이 바라고 바라며 지난 30년 동안 영혼과 함께 살아왔습니다.

그 천명(天命)의 기록들을 이제, 여기에 적을까 합니다.
영혼에 대한 명확한 해법도, 정답도 지금 당장은 제시할 수 없겠지만, 우리 앞의 어둠을 헤치고 영혼의 세계로 이끌어주는 별빛 정도는 될 수 있으리라 생각합니다.

어쩌면 당신도 언젠가 우연히 만났거나 보았을지도 모를 영혼에 대한 이야기일 테니 아주 낯선 여정은 아닐 것입니다.

호흡을 고르며 당신에게 묻는 그 첫 번째 질문.
"어느 날, 당신에게도 영혼이 보이기 시작한다면, 어떻게 하시겠습니까?"

## 왜 '영혼'이어야 할까

20년 전만 해도 핸드폰 들고 다니는 사람을 보면 신기해 했습니다. 하지만 지금은 누구도 핸드폰의 존재를 신기해하진 않습니다. 낯설기만 했던 존재가 어느덧 일상 속에 자리 잡았기 때문입니다. 아무리 새롭고 신기한 것도 일상적으로 마주치다 보면 어느새 그 존재의 가치를 알기 어려워집니다.

우리의 영혼도 마찬가지입니다.
우리는 일상에서 동물에 버금가는 예민한 후각이나, 시각 장애를 보완하는 뛰어난 청각 같은 능력을 자신도 가졌다고는 생각하지 않습니다. 어떤 계기가 있고 나서야 잠재되어 있던 그 능력을 알게 됩니다. 영혼도 그와 같습니다. 즉, 어떤 극적인 체험, 특별한 계기가 마련되었을 때 비로소 발현되어 우리가 알게 되는 것이지요.

이러한 영혼에 대한 탐구가 종교에서는 오래전부터 이어져왔습니다. 반면에 실증적 근거만을 믿는 과학에서는 영혼의 존재를 다루는 데 여러 제약이 있었고, 그 때문에 연구 역시 더디게 이루어졌습니다. 최근에 이르러서야 과학에서도 영혼의 존재에 대한 연구가 활발해지고 있습니다.

예컨대, 단순히 심리학을 바탕으로 한 인간 심리로서 의식의 차원을 다루는 수준이 아닌 '초 심리학*' 같은 새로운 과학적 접근방법을 통해 영혼의 존재를 규명해 나가고 있습니다.

아인슈타인(Albert Einstein)은 앞으로 과학자들이 해야 할 일은 영혼을 증명하는 일뿐이라고 했습니다. 말하자면 고도의 과학문명 속에서 궁극적으로 우리가 탐구하고, 깨달아야 하는 영역이란, 우리의 정신과 밀접하게 닿아 있는 영혼의 영역이라는 뜻입니다.

2008년 9월 영국에서 있었던 어웨어(AWARE) 연구라고 이름 붙여진 대규모 임사체험(臨死體驗) 연구의 책임자 샘 파니아(Sam Parnia) 박사의 실험은 영혼의 실재에 대한 사람들의 인식에 보다 과학적으로 접근했습니다. 응급실에서 의학적으로 죽음을 선고 받은 뒤 다시 깨어난 환자들을 대상으로 병원의 천장에 미리 설치한 카

---
\* 감각적 자각, 염력 등 생물과 환경 사이의 상호작용을 연구하는 과학의 한 영역

드나, 그림을 보았는지 설문조사를 실시했습니다.

이 실험이 우리에게 주는 이슈는 크게 두 가지입니다.

하나는 영혼을 의학적 차원에서 규명하려고 했다는 것이고, 또 하나는 영혼이 '나'로부터 발현된 존재라는 가설을 바탕으로 하고 있다는 것입니다. 무엇보다 이 연구는 영혼의 존재 자체에 대한 의심, 또는 편견을 가진 사람들에게 좀더 과학적인 근거를 제시할 수 있게 합니다.

영혼의 존재를 믿지 않는 사람들은 영혼을 그저 뇌의 착각에 불과한 오류라 생각해 왔는데 이 실험은 그것을 정면으로 반박했습니다.

실험에서 환자들로부터 얻어진 증언은 다음과 같습니다.
1) 자신에게 응급처치를 했던 의사의 뒷덜미에 있던 반점의 모양에 대해 이야기함. 2) 응급실에 모두 몇 명의 사람이 있었는지 또 자신에게 어떠한 응급조치를 했는지 설명. 3) 옆방의 간호사가 약병을 깨트렸던 사실을 보았다고 이야기함.

그러니까 우리가 죽음 이후의 세계에 대해 묘사하는 많은 사람들을 단지 뇌의 착각이 불러일으킨 상상에 빠진 허풍쟁이라고 말하기에는 도저히 설명할 수 없는 것들을 이들은 경험했다고 말하고 있는 것입니다. 이 실험은 영혼의 존재 자체를 좀더 과학적으로 설명하는 밑거름이 되었다고 볼 수 있습니다.

그러나 여전히 영혼에 대한 의견은 분분합니다. 많은 이유가 있지만 가장 큰 이유는 역시 그것의 실체를 가시적(可視的)으로 증명할 수 없기 때문입니다. 눈에 보이지 않는 것, 확증적이고 귀납적인 사실로서 영혼의 존재를 규정할 만큼 충분한 사례들이 마련되지 않았다는 이유가 한 몫을 하고 있습니다.

매일 같이 영혼을 들여다보고, 영혼들의 이야기를 듣는 나로서는 사실 영혼의 존재 여부를 두고 설왕설래할 필요가 없습니다.
그런 실험들이 없다고 해도 영혼은 이미 존재하고 있습니다. 눈에 보이지 않는다고 해서 존재하지 않는다면 기쁨은, 슬픔은, 사랑은 어떻게 설명해야 할까요? 우리는 그것들을 오로지 '느낌'으로 이미 알고 있지 않은가요?

나는 이 책을 통해 단지 영혼의 존재를 말하고자 하려는 것이 아닙니다.
당연히 영혼은 존재하며 그 영혼을 어떻게 받아들이고 교감해야 하는지, 왜 우리가 그토록 많은 고난 속에서 삶을 살아가고 있는지, 삶의 모든 물음표의 해법이 실은 영혼 속에 있었음을 이야기하고 싶은 것입니다. 그리고 그 소망의 밑바닥에는 영혼에 대한 자각이 있음을 말하고 싶은 것입니다.
행복을 이야기하고 성공을 말하는 사람들에게 영혼의 존재와 가능성을 알려줄 뿐입니다.

내가 알지 못하는 나, 이미 존재하지만 오직 나만이 모르는 '나'에 대해서 스스로 깨닫고 발전시킨다면 소망하는 바가 좀더 가까워진다는 것을 나는 이미 체험으로 알고 있습니다.

지난 30년 동안 영가들을 위로하며 현상계와 영혼의 세계를 연결해왔던 경험을 토대로 우리가 좀더 일찍 영혼을 발견했을 때 누릴 수 있는 삶과 행복에 대해 조심스럽게 이야기하고자 합니다.

이 글을 썼다고 해서 나를 영혼세계의 선구자라고 생각하지 말기를 바랍니다. 당신의 영혼이 궁극의 진화를 이루기 위해 길을 안내할 가이드 정도로 나를 생각해 주길 바랍니다. 무거운 짐을 짊어지고 언덕을 올라갈 때, 뒤에서 살짝 밀어줄 수 있는 그런 조력자로 여겨준다면 충분할 것입니다.

당신의 영혼을 조심스럽게 들여다 볼 준비가 되었다면, 이제 그 첫 번째 이야기를 시작하겠습니다.

## Contents

들어가며
**어느 날 내게 다가온 영혼들** 5
**왜 '영혼'이어야 할까** 9

글을 마치며
**어느 날 당신에게 영혼이 보이기 시작한다면** 207

엮은이의 글 213

## 채움 ● 내 마음 속을 거니는 영혼들

아름다운 영혼  21
어디에나 함께 하는 영혼  24
우리의 존재 자체가 영혼인 것을  26
영혼을 바라보는 자세  29
우리의 두 가지 몸  32
살아 있을 때와 같이  37
들리지 않는 영혼의 외침  40
영혼의 결혼식  44
전생을 알고 싶다면  47
미래를 설계하는 과거  50
앨빈 토플러와의 대화  52
영혼의 DNA  55
내가 있는 곳이 천국  60
스스로 불을 밝히다  63
영혼이 우주를 만들고 있다  65
영혼은 곧 나의 의식체  68
빛보다 빠른 생각  71
현실은 영혼이 만들어낸 꿈  74
비우면 채워지는 영혼  77
영혼은 자유로워라  80
영혼을 깨달은 사람이 많아진다면  82
낭만적인 영혼 수행  85
나로부터의 시작  87
삶의 목적은 영혼을 깨닫는 것  89

## 닦음 ● 영혼 진화를 시작하려는 당신에게

여유와 미소  95
하루 연습  97
비워야 행복한 삶  99
변하지 않는 가치를 위한 변화  102
그럴 수도 있는 일이었다  104
생각에도 단식이 필요하다  107
사랑하는 사람을 산과 바다처럼  110
간이역에서 만난 소년소녀와 같은 인연  113
연꽃 만나고 가는 바람 같이  116
죽음은 꿈에서 깨어나는 것  119
덜 가진 것에 대한 만족  122
인생은 공수래공수거가 아니다  125
영혼이 트인 사람은 '지금, 여기'에 사는 사람  127
세상은 영혼의 거울  129
먼저 다가가는 아내의 사랑  131
자식을 귀한 손님 대하듯  133
인연의 아름다움을 간직하려면  136
정을 초월한 '정'  138
화를 웃음으로 바꾸기  141
지식은 커다란 환상  143

## 깨움 ● 영혼을 일깨우는 변화의 힘

숙명보다 중요한 영혼   149
인생의 주인이 되어   152
마음은 당신의 복 밭   156
지금 만나는 사람을 마지막 사람처럼   159
나의 하늘과 땅   161
영혼을 나누는 종교   164
영혼의 르네상스를 위하여   167
갑작스러운 죽음이 닥친다면   170
진짜와 가짜를 구별하는 법   173
바위는 바위대로의 삶이 있다   175
한 떨기 꽃이 가진 의미   178
모든 성공의 시작은 사랑   181
더하지도 덜하지도 않은 사람으로   184
깨어있는 사랑   187
내 어머니의 기도   190
분별과 차이를 인정하라   193
빚어낸 듯한 말하기   196
문화를 통한 영혼의 소통   199
태평양을 건너는 새처럼   202

*Life with Soul*

우리는 죽음으로 생을 마감한다고 믿지만 사실은 육신을 빌려 잠시 머물다 가는 삶을 반복하고 있습니다. 영혼의 세계는 우리가 현실에서 경험을 통해 아는 삶보다 훨씬 더 넓고 다양한 모습으로 존재하는데, 우리는 일상의 갈등과 번민에 갇혀 그 새롭고도 넓은 세계를 알지 못한 채 살아가고 있는 것이지요. 1장은 이처럼 지금까지 알지 못했던 영혼의 세계를 탐구하고, 영혼의 존재를 깨달아가는 과정을 담았습니다. 영혼이란 무엇인지, 영혼의 세계는 어떻게 존재하는지, 그 영혼과 나는 어떻게 상호 작용하는지 당신의 궁금증을 해결하는 한편 당신의 영혼이 한 단계 진화할 수 있는, 영혼의 세계와 첫 만남이 기다리고 있습니다.

내 마음 속을 거니는 영혼들

# 채움

# 아름다운 영혼

아주 어린 시절부터 느끼고, 조우(遭遇)하고, 교감하던 영혼을 살아있는 사람들과의 대화를 매개하기 위해 1986년부터 시작한 구명시식이 벌써 30년을 채워갑니다. 영혼의 존재를 반신반의하면서도 영혼을 만나고 또 대화 하기를 간절히 원하던 사람들의 바람이 나로 하여금 그토록 긴 세월 구명시식이 이어지도록 하였습니다.

내 삶에서 영혼을 뺀다면 무엇이 남을지 알 수 없을 만큼 나는 거의 모든 시간을 영혼과 밀접한 관계를 맺으며 살아왔습니다. 항상 영혼을 보았고, 영혼과 대화했으며, 그들의 소리를 듣거나 구명시식을 통해 천도(薦度)를 도와주기도 했으니 이쯤이면 사람들이 말하는 영매(靈媒)라는 이야기가 아주 틀린 말도 아니라고 생각합니다.

그 오랜 시간 영혼을 만나 이야기하며 느낀 가장 분명한 진실은 '아름답지 않은 영혼이 하나도 없다'라는 것입니다.

인간에게는 주어진 삶보다 아름다운 영혼이 존재합니다. 그것은 영혼의 외침에서 확실히 알 수 있습니다. 살아 있기 때문에 침묵할 수 밖에 없었던 영혼은, 죽은 뒤에는 분명한 목소리를 내어 그 존재를 확인시켜 줍니다.

비바람과 폭풍우 속에서도 아름다운 향기로 한 송이 꽃을 피워내듯이 우리의 영혼도 척박한 삶 속에서 아름다움을 잃지 않습니다.

지금까지 내가 만나보았던 영혼들은 모두 고결하며 빛이 났습니다. 어쩌면 육신에서 벗어나 비로소 만난 빛과 의식의 세계가 영혼을 삶의 속박과 집착으로부터 벗어나게 했기 때문인지도 모릅니다.

쓸쓸하고 차디찬 인생의 희로애락이라는 험한 바다를 가로질러 수행의 항해를 다한 영혼일수록 더욱 아름답고 향기로운 것은 하늘의 이치겠지요.

죽음 뒤가 지옥이나 고통이 아닌 아름다움이 있다는 사실이 당신에게 한결 가볍게 다가갈 수 있다면 좋겠습니다.

죽음이 곧 끝이라 생각하지 마십시오.

마치 계절이 바뀌고 열매가 맺히듯 또 다른 시작이 있음을 영혼을 통해 알 수 있으니, 더 크고 아름다운 결실이 당신을 기다리고 있을지도 모릅니다.

## 어디에나 함께 하는 영혼

한 여인의 이야기입니다.

여인은 오래전에 돌아가신 할머니에 대한 그리움으로 종종 잠을 이루지 못했습니다.

"저는 돌아가신 할머니가 그립다는 생각이 들면 사무치게 보고 싶어 힘이 듭니다. 죽음으로 영영 헤어져버린 인연이라는 것을 알기에 그리워하면 할수록 더욱 고통스러워지는 이 마음을 어떻게 해야 할까요?"

여인은 어린 시절 어머니를 대신해 할머니 손에서 자랐는데, 할머니가 돌아가신 뒤에 종종 걷잡을 수 없는 슬픔을 느끼곤 했습니다. 평소엔 별 다른 생각이 없다가도 그립다는 감정이 드는 순간 무척 힘겨웠던 것입니다.

　이 여인만이 아니라 우리 곁에는 죽음으로 인해 헤어진 인연을 무척 고통스럽게 기억하는 이들이 많습니다.

　'그리운 이를 더 이상 볼 수 없다.'
　'내가 사랑하던 그 사람의 얼굴이 이제는 떠오르지 않는다.'

　헤어짐의 고통만으로도 힘에 겨운데, 죽음이라는 영영 닿을 수 없는 거리에 놓여버렸다는 상실감과 막막함에 더욱 슬퍼하는 것이지요.
　이것은 영혼의 존재를 알지 못하는 사람이라면 누구나 가지는 생각입니다. 영혼과의 조우를 경험한 적이 있는 사람은 그리운 영혼이 얼마나 자신과 가까이 있는지 압니다.

　그 여인은 초혼(招魂)을 통해 할머니의 영혼이 곁에서 늘 보살펴주고 있었다는 것을 알게 되었습니다. 그녀는 느끼지 못했음을 깨치고 그동안의 힘겨움에서 벗어날 수 있었습니다.

　영혼에게는 비자가 필요 없으며 어디든 갈 수 있습니다. 평소 사랑했던 가족, 자손, 친구의 곁이라면 어디나 함께 합니다.
　죽음은 결코 영원한 헤어짐이 아닙니다,

## 우리의 존재 자체가
## 영혼인 것을

영혼의 무게를 재어 영혼의 존재를 입증하려던 던컨 맥두걸의(Duncan MacDougall) 실험은 너무나 유명합니다.

영혼이 존재한다면 사망 시 육체를 빠져나갈 터이니 사망 전후의 몸무게를 측정해보면 영혼의 존재 여부는 물론 그 무게까지도 알 수 있을 거라는 가설을 바탕으로 맥두걸의 실험이 진행됐고, 그 결과 영혼의 무게가 21g(0.75온스)이라고 밝히고 있습니다. 물론 이 실험이 영혼의 존재 자체를 명확히 증명해준 것이라고 말할 수는 없습니다.

그렇지만 영혼이 분명 육체와 분리된 우리의 의식체이고, 엄연히 존재한다는 사실을 나는 수많은 영가와의 만남을 통해 이미 보고,

듣고, 알고 있습니다.

　과학에서 눈물의 성분을 98%가 물이고, 나머지 2%가 단백질, 식염, 탄산나트륨, 인산염, 지방 등이 함유된 등장액(等張液)이라 말한다고 해도, 우리에게 눈물이 기쁨이나 슬픔, 탄식이나 원망이라는 정서적 감정의 응집체인 것처럼, 과학적 실험이 영혼의 무게를 알아냈다고 해서 그것이 영혼의 실체를 증명했다고 할 수 없을 것입니다.

　영혼이란 직감의 영역에서 더 쉽게 그 존재를 증명할 수 있을지 모르겠습니다. 영성(靈性)이 발달하지 않은 사람도 공동묘지나 사고가 잦은 지역에 가면 서늘한 느낌을 느꼈던 경험이 있을 것입니다. 갑작스러운 행운을 체험하기 전에 음덕(蔭德)을 베푼 부모님의 영가를 꿈이나 실제에서 마주하는 일도 생깁니다. 영혼이 실제로 우리 가까이에 있기 때문에 우리의 감각이 극대화될 때, 그들을 완벽히 볼 순 없다 해도 느낄 수는 있는 것입니다.

　영혼의 존재를 증명할 수 있느냐고 묻는다면, 나는 그저 미소만 지어 보일 수 밖에 없습니다. 우리의 존재 자체가 영혼인데 미소 외에 어떤 대답이 더 필요할까요?

　소리 너머에 들리지 않는 언어가 있고, 그림자 너머에 보이지 않는 실체가 존재하는 법입니다. 영혼의 존재를 깨닫고 영혼과의 교감능력을 발전시킨다는 것은 가시적인 법칙이나 실험, 증명을 뛰어넘어 스스로 느끼고 받아들이는 상태로 나아감을 뜻합니다.

## 영혼을 바라보는 자세

영혼의 세계는 알면 알수록 더욱 빠져드는 심연(深淵)과 같습니다. 어디가 끝이고 어디가 시작이고, 어디가 위고, 어디가 아래인지 도대체가 알 수 없습니다. 인간으로서 이런 것을 모두 알았던 사람은 아무도 없었습니다. 역사를 살다 간 많은 도인들, 종교인들, 그리고 영적인 천재들도 겨우 한 부분만을 알고 갔을 뿐입니다.

역사적으로 자신이 살다 간 시대적 배경에서 영혼의 세계를 이해하기도 하고, 어떤 이는 자신이 살아온 경험과 종교적 기반에 의해 영혼의 세계를 이해하기도 합니다. 나는 그동안 인생의 반 이상을 영혼 공부에 몰두했음에도 불구하고 영혼의 세계는 알면 알수록 더욱 캄캄한 암흑의 커튼이 드리워져 있는 곳이라는 사실을 느끼고 있습니다.

많은 세월을 여기에만 몰두하다 보니 타인이 가지지 못한 여러 가지 재주 아닌 재주, 능력 아닌 능력을 가지게 된 것도 사실입니다. 그러나 그 사람의 전생을 보고, 누구의 미래를 본다는 것은 그리 대단한 일은 아닙니다. 이것은 영혼의 세계에 파장을 맞출 수 있는 자질이 있고, 또 어느 정도의 훈련만 하면 가능하다고 생각합니다.

사람들이 자신의 영능력을 과소평가하고 개발하지 않아서 그렇지, 우리 모두는 위대한 성인(聖人)의 능력이나 또는 그 이상의 능력을 갖고 있어, 자기 마음 하나 편안하게 할 정도의 영적인 능력 배양은 가능하다고 봅니다.


뉴욕에 가면 엠파이어스테이트빌딩이 있습니다. 그런데 이 빌딩은 가까이 가면 보이지 않습니다. 그래서 초행인 사람은 102층의 빌딩을 옆에 두고도 주위만 빙빙 돌 때가 있습니다.

마찬가지로 인간은 어떤 것에 너무 가까이 있으면 그 대상을 잘 보지 못할 때가 있습니다. 한 발 물러나야 숲이 제대로 보이고, 성인이라 일컫는 공자님도 이웃에 살면 그저 평범한 이웃집 아저씨일 뿐입니다.

부처님의 50생(生)을 쫓아다니며 수행을 방해하고 괴롭히던 대바

닛타가 나쁜 사람임에는 분명하지만, 한 생각 바꾸어 보면 대바닛타야말로 부처에게는 큰 스승이었음을 알게 됩니다. 이처럼 한 걸음 물러나 전체를 보면 또 다른 그림이 보이는 겁니다.

영혼도 마찬가지입니다. 영혼은 언제나 가까이에 있습니다. 너무 가까이에 있기에 사람들은 이를 알지 못합니다. 자기 스스로 깨닫기 전까지는 엠파이어스테이트빌딩처럼 가까이 있어도 알 수 없습니다. 영혼을 찾는다고 주위만 빙빙 돌 뿐입니다.

인간의 마음으로 영혼을 바라보거나 영혼을 접근하면 풀어지지가 않습니다. 존재를 알려면 조물주의 마음으로 영혼의 존재를 생각하면 풀어지는 것이죠. 과학으로는 풀 수도 없습니다. 과학은 과학일 뿐, 신은 될 수가 없는 것입니다.

## 우리의 두 가지 몸

　우리는 영(靈)에 대해 생각보다 많이 알지 못합니다. 참으로 신기한 것이 인간이란 영육(靈肉)의 혼합체인데도 육체에 대한 관심은 많지만, 영(靈)에 대한 관심은 이에 미치지 못합니다. 몸이 건강하길 바라면서 왜 영혼의 건강함에 대해서는 무관심한지 모르겠습니다.

　사람의 영혼은 크게 생령(生靈)과 사령(死靈)으로 구분됩니다. 즉, 살아있는 자의 영과 죽은 자의 영을 말합니다. 만약 사람이 환생을 했다면 환생한 생령(生靈)이 구명시식에 찾아 오곤 하지만, 환생한 생령(生靈)을 구명시식에 직접 초대하는 일은 극히 드문 경우입니다. 굳이 잊고 싶은 과거로 갈 필요는 없지 않겠습니까? 때문에 영 스스로 '나는 누구로 태어났습니다'라고 밝히는 경우를 제외하고서는 환생을 알려드리는 경우는 없습니다.

이렇듯 복잡한 영의 세계 때문에 영이 찾아올 때 생령이냐 사령이냐를 구분하는 것이 바로 전문가인 내 몫입니다. 영을 느끼고, 보고, 말하고, 구분하고, 천도하는 것은 영능력자만이 할 수 있는 일이기 때문입니다.

그러나 간혹 여러분도 영혼세계를 넘나드는 체험을 겪은 적이 있을 것입니다. 흔히 가위에 눌리는 경험을 할 때, 본의 아니게 자신의 몸을 떠나 유체이탈을 하게 되어 잠자는 자신의 모습을 위에서 내려다본다거나, 분명 가족들은 자신을 보지 못했는데도 가족들이 식사하는 모습을 봤다거나 하는 경험 등은 '생령(生靈)'이 움직인 경우입니다.

1998년 전기 누전으로 한옥이 불에 전소되는 화재가 있었습니다. 그 집에는 60~70년대 수많은 영화를 제작한 영화감독 부부가 살고 있었는데, 이 화재로 부부가 함께 사망했습니다. 화재가 나고 며칠 지나서 아들은 유품이라도 건지려고 세 갈래의 갈고리를 들고 화재더미 속에서 땅을 파며 부모님의 물건들을 살피고 있었습니다. 그러다가 불에 타지 않은 편지 한 통을 발견했습니다. 그 편지는 아버지가 오래 전에 쓴 것으로 보였고, 아들은 편지를 읽어 내려가다가 그만 주저앉았습니다. 그 편지의 내용은 마치 지금 자기의 행동을 보고 있는 듯했기 때문입니다.

'꿈에 내가 흑색 한옥으로 이사를 왔는데, 자네가 세 갈래 쇠파이프로 열심히 땅을 파고 있었네. 아마 내 무덤인가 보다. 바람이 불어 내 몸이 공기처럼 공중에 날아올랐다가 내려왔지만 자네는 보고도 모른 척 했다. 혹시 내가 혼이 되어서 보이지 않는 것이 아닌가 생각이 들었다. 이 모든 것이 내 죽음을 뜻하지 않나 생각하던 중에 잠이 깼다.'

아버지의 혼이 어떻게 먼 미래의 아들의 모습을 보았던 것일까요? 영혼의 세계는 과거와 미래가 없는 듯 합니다. 아들은 이 편지를 발견한 이후 보이지 않는 세계에 대해 관심을 가지게 되었습니다.

영의 세계를 이해하기 위해서는 나름대로의 경험과 지식이 필요합니다. 그만큼 비밀스럽고도 신비스러운 또 다른 영역이라고나 할까요?

이 책에서 내가 다루는 영혼은 크게 두 가지의 영역입니다. 첫째로 사람이 죽으면 육신을 벗어나 영가(靈駕)가 되어 나타나는 영혼을 말합니다. 아마 영혼이라는 말을 들으면 영화 속의 유령 같은 모습이 떠오를 것입니다. 사람이 죽으면 영가가 되어서 살아있을 때와 같은 모습으로 존재합니다. 죽음 이후의 세계는 이들의 영역이고 현상계와 밀접한 관계를 이루고 있습니다. 살아있는 사람들이 함부로 체험할 수는 없지만 우연히 '임사체험'을 경험한 사람들을 통해 일부분이라도 알 수 있습니다. 가령 죽은 뒤 삼일 만에 깨어나 자신이 빛의 터널을 통과해 큰 바다를 건너 이승에 다녀온 이야기 말입니다.

사람이 죽으면 "유명을 달리 하셨습니다"라고 이야기합니다. 여기서 말하는 유명(幽明)이란 이승과 저승을 말합니다. 인간이 죽으면 그동안 사용했던 육신을 버리고 다른 차원의 세계로 건너가게 됩니다. 따라서 다른 세계에서 영혼의 몸으로 살아갑니다. 사람은 육신을 가지고 있는 영혼이고, 영가는 육신이 없는 사람입니다.

둘째로 영혼이라는 개념을 나는 우리의 마음으로 이해하면 접근이 쉬울 거라 생각합니다. 마음은 내 영혼의 작용이며 바탕입니다. 나는 이 마음을 '의식체', '상념체'라고도 부릅니다. 마음에는 주체가 있습니다. 우리의 의식체가 어떤 생각을 하느냐에 따라서 우리의 영혼은 보이지 않는 세계의 힘을 얻습니다. 영혼이 빛이나 파장으로 이루어져 있다고 생각할 수 있지만, 영혼은 이 모든 것의 시작인 '순간'의 힘을 가지고 있습니다. 빛보다 빠른 것이 영(靈)입니다. 영(靈)은 생각하는 순간 나타납니다.

이러한 영혼은 숫자 '0'과도 같습니다. 수학에서 '0'을 발견한 뒤로 학문이 크게 발전 했는데, '0'이 모든 수의 시작이며 바탕이라는 것을 이해했기 때문입니다. 영혼이 바로 이 숫자 '0'과 같습니다. 보이는 1, 0.5, 9999와 같은 숫자가 마치 현상계와 같다면, 영혼은 보이지는 않지만 그 시작이며 바탕이 되는 숫자 '0'이라고 비유할 수 있습니다. 현대 과학에서 양자물리학을 통해 현상계를 작용시키는 '마음'에 대한 많은 연구가 이루어지고 있습니다. 마음에 대해서, 영혼의 작용에 대해서 안다는 것은 그 마음의 주체인 '나'를 이해하는 시작이라고 생각합니다. 우리는 저마다 다른 마음을 가지고 있습니다. 그것은 우리는 각기 다른 생애를 겪고 또 하늘에서 타고난 각기 다른 영혼을 가지고 있기 때문입니다. '내 마음'을 이해하는 것이 '내 영혼'을 이해하는 길입니다.

어려운 듯 하지만 그저 조금씩 가랑비에 옷이 젖듯이 영혼에 대해 알아간다면 어렴풋이 당신의 가슴 안에서 살아있는 영혼을 느낄 수 있을 것입니다. 사실, 그거면 충분하지 않겠습니까?

## 살아 있을 때와 같이

나는 어린 시절 일찍 아버지와의 사별(死別)을 경험하였습니다. 그 후에도 숱한 이별을 경험했지만 죽음 앞에서 담담하기는 힘이 듭니다.

'왜 우리는 사랑하는 사람과 이별해야 하는가?'

이 질문은 내게 오랜 시간 화두(話頭)였습니다.
그동안 영가들을 어루만지고, 수많은 영혼을 마주하며, 내가 보고 느낀 죽음이란 결코 삶의 끝이 아니었습니다.

영혼들은 이 세계에서 자신들이 즐기고 느끼고 생각한 대로 존재합니다. 그래서 극단적인 경우에는 자신이 죽음을 맞이했던 그 순간의 모습으로 나타나기도 합니다. 영혼은 생전의 습관과 버릇, 사고하는 방식 등을 고스란히 가지고 있습니다. 마치 아직 인간으로 살아있는 듯이 말입니다.

어느 여인이 남편의 천도를 위해 나를 찾아온 일이 있었습니다. 그 과정에서 남편의 영혼은 자신의 수의 끈이 묶이지 않은 채 묻혔으니 아내에게 수의 끈을 묶어 달라며 나에게 말했습니다. 그 이야기를 들은 아내는 깜짝 놀랐습니다. 실제로 장례를 치르는 과정에서 그의 어머니와 아내가 수의 끈 묶는 것을 깜빡 했고, 두 여인은 이 사실을 함구했기 때문입니다. 평소 유교적인 관습과 절차를 굉장히 중히 여겼던 남편이었고, 매우 가부장적이고 고지식했던 그였기에 여인은 죽어서도 그런 남편의 모습에 가슴이 철렁했습니다.

이렇듯 영혼은 살아생전 자신이 사고(思考)했던 방식과 품었던 기억을 그대로 가지고 존재합니다.

사춘기 시절, 나는 영혼도 이와 같이 살아있을 때의 모습 그대로 존재한다는 사실이 큰 충격으로 다가왔습니다. 죽으면 끝이 아니기에 어떻게 삶을 살아야 할지 더욱 더 고민되었기 때문입니다. 영혼들이 죽어서도 서로 사랑하고, 미워하고, 먹고 즐긴다는 사실이 너무도 놀라웠습니다. 모든 것을 간직하고 기억하면서 자신이 만들고 쌓아 올린 '나'라는 인물을 형태만 바꾸어 존재하는 영혼들을 보면서 말입니다.

그러나 영혼이 이처럼 살아있을 때의 모습을 유지한다면, 어떤 삶을 살아야 하는지 그 해법은 무척 간단해집니다. 내가 살고 싶은 그 모습으로 현재를 잘 살아가면 됩니다.

어떻게 살아야 할지 막막할 때엔, 어떻게 죽고 싶은지를 생각하십시오. 삶이 곧 죽음이고, 죽음이 곧 삶입니다.

## 들리지 않는
## 　　영혼의 외침

미국에 잠시 머물 때의 일입니다.

교통사고로 아들을 잃은 여인이 나를 찾아왔습니다.

젊은 나이에 사고로 목숨을 잃었으니 부모의 마음은 천 갈래 만 갈래 찢기듯 아팠는데, 무엇보다 자꾸만 꿈에 나타나는 아들의 모습이 여인은 영 편치 않았습니다.

여인은 이미 장례도 치렀고, 49재까지 정성스럽게 지냈는데 어째서 아들이 자꾸 꿈에 나타나 불만스러운 표정을 짓는 것인지 알 수 없다며 무척 답답해했습니다.

구명시식을 해야겠다고 마음을 먹고 며칠 간 준비를 하는데, 선원(禪院) 근처에 알 수 없는 청년 영혼이 자꾸 나타나기 시작했습니다. 모자를 눌러쓴 청년의 인상착의를 보고 직감적으로 그가 나를 찾아왔던 여인의 아들이라는 것을 알 수 있었습니다. 부모를 불러 인상착의를 물어보니 역시 사망한 아들이었습니다.

'구명시식도 하기 전에 왜 선원(禪院)을 찾아왔을까?'
나를 비롯해 많은 이들이 청년의 영혼을 이미 자주 목격하고 있던 터라 서둘러 구명시식을 열어 청년의 말을 들어보기로 했습니다.

식이 진행되고 나서 밝혀진 사실은, 아들의 죽음이 교통사고가 아니라 타살이었다는 것이었습니다.
이미 아들의 시신은 화장한 뒤였고, 현실적인 증거도 없는 상황에서 수사를 의뢰할 수도 없었습니다. 매달릴 수 있는 것은 오직 영혼이 된 아들의 진술뿐이었습니다. 청년은 한 맺힌 목소리로 "나의 죽음은 사고가 아니다. 나는 살해되었다."라고 몇 번이나 강조했습니다.

사고 당일의 이야기를 들려달라고 하자, 아들은 일말의 망설임도 없이 대답해 주었습니다.
뜻밖에도 범인은 아들과 함께 차를 타고 떠난 친구였습니다. 그는 중앙분리대를 일부러 들이받은 뒤, 의식을 잃은 아들을 흉기로 때려 살해했습니다. 그러나 경찰 조사에서 교통사고 흔적 외엔 별다른 특이점이 발견되지 않았고, 이미 죽은 자는 말이 없으니 사건은 그렇게 단순 교통사고로 종결되었다고 합니다.

도대체 왜 살인을 했던 것일까? 아들은 그 원인을 자신이 친구에게 빌려준 2만 달러 때문이라고 답했습니다. 사고가 있기 전까지 아들은 친구에게 빌려준 돈을 갚으라고 채근했는데, 돈을 갚을 수 없게 된 친구가 그만 극단적인 선택을 결심한 것이었습니다.

사건의 전말을 이야기하자 여인과 가족들은 모두 믿을 수 없다고 했습니다. 아들의 죽음이 사고가 아닌 살인이라는 사실을 받아들일 증거가 없기 때문입니다. 그래서 할 수 없이 내가 나설 수밖에 없었습니다.
"아드님은 돈을 빌려준 곳이 더 있다고 합니다. 노래방에 2만 5천 달러, 비디오가게에 1만 8천 달러를 빌려주었다고 하니, 돌아가셔서 그 돈의 행방을 확인해 보세요."

죽은 아들이 돈을 꿔준 사실조차 모르고 있었던 부모는 내가 알려준 대로 그들을 찾아가 물었고, 결국 돈을 빌려준 사실이 있다는 것을 확인하고는 아연실색했습니다. 묻힐 뻔했던 사실을 죽은 아들이 나를 통해 말해준 덕분에 알게 되었으니 놀랄 만도 했습니다.

더 놀라운 사실은 아들은 혹시라도 가족들이 자신의 말을 믿지 않을지도 모르니 한 가지 사실을 더 알려주겠다며, 자신의 방 서랍장 속에 있는 벨트를 찾아보라고 했습니다. 벨트를 찾으면 감사의 뜻으로 그것을 내게 주라고 이야기했습니다. 아들이 빌려준 돈을 확인하고 여인이 돌아왔을 때, 내가 벨트 이야기를 마저하자 이번에도 어머니는 믿지 못하겠다는 눈치였습니다.

그러나 집으로 돌아가 서랍장을 열어본 여인은 책상 서랍 구석에서 포장도 뜯지 않은 새 벨트를 보게 되었고, 그 자리에서 주저앉고 말았습니다.

여인은 아들의 억울한 죽음을 이제서라도 알게되어 다행이라고 생각하면서도, 그토록 처참한 죽음을 맞이한 아들의 이야기를 의심한 자신을 탓하며 울음을 터뜨렸습니다. 죽은 아들이 영혼이 되어 하는 이야기를 믿지 못해 반신반의했던 자신 때문에 더디게만 흘러갔을 아들의 천도가 아쉬워 여인은 몇 번이고 내게 고맙다는 말을 전해왔습니다.

이 여인처럼 눈에 보이지 않는다고 해서 존재하지 않는다고 여기기 쉬운 존재가 바로 영혼입니다. 그러나 영혼은 지금 이 순간에도 내 곁에서, 또한 내 안에서 함께 숨 쉬며 '나'라는 역사를 만들어가는 나의 의식 그 자체입니다. 보이지 않는다고 해서 눈을 감아버리고, 들리지 않는다고 해서 귀를 닫아버리면 영영 영혼과 소통하는 길은 열리지 않을지도 모릅니다.

# 영혼의 결혼식

간혹 현생에서 짝을 찾지 못하고 이른 나이에 죽은 사람들을 위해 영혼결혼식을 치러주기도 합니다. 주로 유가족들의 요청에 의해 이루어지는 결혼식입니다.

비록 살아서 만나지는 못했지만 죽은 뒤에 부부의 연(緣)을 맺는 영가들을 볼 때면 애잔하면서도 한편으로는 그 인연의 깊이에 뿌듯하고 행복해집니다. 서로 운명처럼 만나 사랑에 빠지고 이후 결혼에 골인하는 이 세상의 많은 사랑 이야기처럼 영가들 역시 그들의 운명에 따라 맺어지게 됩니다.

영혼결혼식이라고 해서 대충 형식만 따른다고 생각하면 큰 오산입니다.

신랑, 신부는 미리 준비한 예복을 기쁜 마음으로 받아들고 결혼식을 기다리고, 간단한 예물 교환도 합니다. 화려한 조명 아래서 눈부신 드레스를 입은 신부를 사랑스러운 눈길로 바라보는 신랑처럼 영혼결혼식 역시 두 영가의 설레는 마음이 잘 전달될 수 있도록 꾸밉니다. 짝을 고르는 일부터 결혼식을 준비하는 과정에 이르기까지 영가들이 평소에 즐기던 취향과 이상을 잘 고려하며 정성을 다합니다.

앞서 말한 바 있지만 영혼은 우리의 의식이기 때문에 살아 있을 때의 정서와 소망을 그대로 품고 있습니다. 따라서 보이지 않는 영혼의 결혼식이라고 해서 대충 구색만 맞추려 해서는 오히려 화를 입을 수도 있습니다. 그저 짝도 없이 혼자 죽은 것이 애잔하다 하여 성급히 짝을 골라주었다가 이혼을 요구 당하기도 합니다.

실제로 어떤 분이 평소 도도하고 남자 보는 눈이 높았던 딸의 성미를 무시하고 죽은 시기가 비슷하다는 이유로 영혼결혼식을 치러주었답니다. 그런데 딸이 밤마다 어머니를 찾아와 이혼을 시켜달라며 하소연을 했습니다. 영혼결혼식을 치른 뒤 남편과 매일 싸우고 있고, 그 사람이 조금도 마음에 들지 않는다는 딸의 하소연에 어머니는 내게 이혼을 시켜달라고 찾아왔습니다.

결국 나는 두 영가를 불러내어 이혼을 선언해주었고, 이를 영계(靈界)에도 고했습니다. 본의 아니게 가정법원 판사 노릇을 했지만,

이로써 확실히 알게 된 사실이 있습니다.

영혼은 살아생전 고인이 갖고 있었던 품성과 정서를 고스란히 간직하고 있는 존재라는 것을 알 수가 있습니다. 또 영혼결혼식이 다만 죽은 자들만을 위한 의식처럼 보이지만 실은 살아남은 가족들을 통해 소통이 이루어지기 때문에 산 자의 마음이 편안해지는 데에도 큰 영향을 미친다는 사실입니다.

사랑을 하기 위해서는 낭만이 필요하듯이, 그저 허물을 벗어 자유로워진 영혼을 존중한다면 그들이 평소에 즐기고 사랑했던 마음에 관심을 가지고 그들을 위로할 수 있어야 하지 않을까요?

## 전생을 알고 싶다면

　내게 전생을 묻는 사람들이 정말 많습니다. 전생은 사람들에게 호기심의 대상입니다. 전생에 자신이 어떤 사람이었는지 무척 궁금해 하곤 합니다. 이렇게 전생을 알고 싶은데 왜 전생을 기억하지 못하는 걸까요?

　나는 그 이유를 두 가지로 얘기할 수 있습니다.

　첫째, 자기 자신을 위해서입니다.
　전생의 습관과 욕망에 매달리지 않고 현생에 충실할 수 있게 배려하는 우주와 신의 자비(慈悲)가 있기 때문입니다. 예를 든다면, 유명한 선교사가 있는데 불행히도 이 선교사의 전생이 알코올 중독자였다고 합시다. 만약 그가 전생을 기억한다면, 과거 술에 대한 집착과 술버릇 때문에 그는 끊임없이 괴로워할 것입니다. 어쩌면 그는 전생처럼 다시 알코올 중독자가 될지도 모릅니다. 그러나 그는 전생을 기억하지 못하기에 현생에서 독실한 믿음으로 선교사가 될 수 있었던 것입니다.

둘째, 현생(現生)을 포기할 수 있기 때문입니다.

전생을 기억한다면 성실히 살아갈 수도 있지만, 반대로 다음 생을 위해 괴로운 현생을 쉽게 끝내 버릴 수도 있습니다. '다음에 또 태어나면 되지!' 하고 쉽게 목숨을 끊으며 생명이 경시(輕視)될 가능성이 큽니다. 그나마 내세에 대한 호기심과 두려움이 있기 때문에 우주의 질서가 유지되며 살아가고 있는 것입니다.

영혼의 흐름, 즉 환생에 대해서는 쉽게 증명할 수는 없지만 한 가지 분명한 것은 전생은 볼 수 있고, 느낄 수 있고, 생각할 수 있다는 것입니다. 하지만 수학의 공식처럼 풀어낼 수는 없으며 풀어내서도 안 됩니다. 전생은 밝혀지지 않기에 신비롭고, 경외(敬畏)한 것입니다. 그렇기에 우리는 현생을 열심히 살아가고 있는지도 모릅니다.

그렇다면 당신은 혹 전생이 태어나기 전의 삶이라고 생각하고 있지는 않나요? 그렇지만은 않습니다.

매일 매일이 전생이며, 매시 매분이 전생입니다.

지금 이 순간도 전생으로 흘러가고 있습니다. 우리는 잠자는 것으로 죽음을 겪고, 아침에 깨어나는 것으로 환생을 맛봅니다.

전생인 어제에 업(業)이 있다면 현생인 오늘 그 대가를 톡톡히 치르게 될 것입니다. 그것이 바로 윤회(輪回)의 법칙입니다.

## 미래를 설계하는 과거

우리는 주어진 인연에 따라 흘러가면서 업을 짓기도 하고 복을 짓기도 하는 각기 다른 운명을 갖고 태어납니다.

이렇게 이야기하면 우리 인생은 이미 정해진 운명론에 따라 인생은 바꿀 수 없는 것이 아닌지 회의론에 빠지기 쉽겠지만, 바꾸어 생각해보면 우리에게는 전생과 연관한 '업(業)'이 존재하기 때문에 오히려 삶을 희망적으로 볼 수 있습니다.

범죄자들이 흔히 하는 말이 있습니다.
"저도 영문을 알 수 없습니다. 제가 그때 왜 그랬는지 모르겠습니다."
"나도 모르게 그런 일을 저질렀습니다."

왜 그가 그런 일을 저지른 것일까요?

인연법은 전생의 흔적에서 그 해답을 찾으라 합니다. 전생에서 지은 업이 이어진 것이라는 것이지요.

현생의 내 삶이 과거에 내가 의식적이든 무의식적으로든 지은 업의 결과라고 한다면, 과거의 내가 현생의 나의 삶을 설계해두었던 셈이 됩니다. 그렇게 보면 현생을 어떻게 살아가느냐에 따라 내가 살고 싶은 삶을 다음 생으로 예약해둘 수 있다는 것이지요.

지금 이 순간이 바로 내 삶을 결정하는 설계도입니다. 성공적이고 건강한 미래를 꿈꾸고 있다면 지금 이 순간의 현재를 어떻게 살아야 할지 나 자신을 들여다보는 것에서부터 시작해보세요.

## 앨빈 토플러와의 대화

지난 2005년 9월 6일, 나는 H그룹 회장과 함께 세계적인 미래학자 앨빈 토플러(Alvin Toffler)를 만났습니다. 앨빈 토플러는 H그룹 회장과는 북한 문제를, 나와는 영적인 문제에 대해 대담하길 원했습니다.

40년 전 이미 그는 세계가 정보 중심의 사회로 재편성된다고 그의 저서에서 언급했으며, 2000년 초 그가 김대중 전 대통령을 위해 작성한 보고서에는 한국이 IT와 BT사업에서 세계 일류 국가가 되리라 예상했습니다. 지금까지 앨빈 토플러의 예상은 적중했습니다. 뉴욕대학교를 졸업한 뒤, 공장 용접공에서 세계적인 미래학자가 된 그는 지금까지 수많은 가설을 적중시키고 있습니다.

그런 그가 나를 만나고 싶다고 먼저 제안해왔던 것에 의아했습니다. 그도 영혼에 대해 관심이 많았던지 이런 질문을 하였습니다.

"앞으로 영혼의 DNA가 밝혀지겠습니까?"

분명 미래는 지식의 시대를 넘어 영성(靈性)의 시대로 발전해 나갈 것입니다. 아인슈타인은 앞으로의 과학자는 영혼의 존재에 대해서 증명할 수 있어야 한다고 얘기했지만, 아인슈타인이 죽은 후에도 아무도 이를 증명하지 못했습니다.

영혼의 문제는 객관적으로 증명하려고 하면 안 됩니다. 이제는 차원이 달라져야 할 때라고 생각합니다. '마음이 이유를 알고 있기 때문에 이유는 말할 필요가 없다'는 파스칼(Pascal, Blaise)의 말처럼 마음이 영혼을 안다면 굳이 이를 과학적으로 증명할 이유가 없는 것입니다.

그의 질문에 나는 대답 대신 미소를 지었습니다. 그러자 그는 자신이 만난 한국의 유명인사들과는 사뭇 다른 태도에 적잖이 놀란 눈치였습니다. 그는 나와 헤어진 후 나와의 만남을 기념하는 의미에서 한 통의 편지를 보내왔습니다.

"별로 많은 말씀을 하지 않으셨다는 점에서 큰 감흥을 받았습니다. 앞으로 구명시식에 대해서 다시 한번 연구해 보겠습니다. 기회가 닿는다면 꼭 다시 뵙고 싶습니다."

내가 앨빈 토플러에게 받은 편지를 지인들에게 보여주자 깜짝 놀라며 "도대체 어떻게 하셨기에 이런 편지를 받으셨습니까?"라고 물었습니다. 그 말에 나는 토플러에게 했듯이 말없이 다시 한번 웃어 보였습니다.

## 영혼의 DNA

최근 한 연구에 따르면 사람의 내·외적 요인을 결정하는 주요 요소가 유전자에 이미 각인된 것으로 밝혀졌습니다. 사실 그동안 학계의 정설은 어떤 사람을 만들어가는 것은 환경과 노력 등 후천적 요인이 선천적 요인보다 중요하다고 알려져 있었습니다.

이 연구에서 주목한 것은 쌍둥이였습니다.
완벽하게 같은 유전자를 지닌 서로 다른 존재. 이는 서로 다른 생각과 환경에 노출된 인간 유형을 탐구하기에 좋은 대상이었습니다. 서로 다른 곳으로 입양 보내진 쌍둥이들은 완벽하게 다른 식습관, 가풍, 자연 환경 속에서 성장했는데, 놀랍게도 모두 똑같은 신장을 지녔다고 합니다.

그동안 과학은 인간을 성장하게 만드는 많은 요소들이 선천적 요인 보다는 후천적 요인에 더 기인한다고 주장해 왔습니다. 태아의 태교 수업이나, 올바른 육아방법 등이 유행하는 이유도 사람을 후천적 요인에 의해 변화시킬 수 있다고 믿었기 때문입니다.

물론, 모든 후천적 노력이 헛수고라고는 할 수 없습니다.
하지만 분명한 것은, DNA에 각인된 정보들은 그 어떤 후천적 노력보다도 강력해 바꾸기가 쉽지 않다는 점입니다.

키나 머리카락 색깔, 눈동자 색깔처럼 인간의 외적 요인을 비롯해 성격 같은 내적 요인 역시 우리의 DNA에 각인되어 있습니다. 이는 생을 반복해 우리에게 재현의 선물이 되어 나타납니다. 물론 이때의 DNA란 생물학적인 의미의 DNA를 뜻하는 것은 아닙니다. 바로 영혼의 DNA입니다.

우리의 영혼은 사람마다 고유한 습성을 발현시키는 DNA를 가지고 있습니다. 그가 생전에 쌓아온 업과, 말과 마음으로 지어온 결과들에 따라 몇 번의 생을 거듭하면서도 그 특성이 그대로 이어져 영혼에 각인되어 있는 셈입니다.

영혼의 DNA와 연관 지을 수 있는 에피소드 하나를 소개하겠습니다.

국립극단 예술 감독을 지낸 L씨의 이야기입니다.

지난 1991년, 일본으로 출국할 예정인 L씨를 우연히 만났습니다. 나는 그와 얘기를 하던 중 그의 얼굴에서 떠오르는 것이 있어 말했습니다.

"이번에 일본에 가면 틀림없이 전생을 알게 되는 사건이 있을 겁니다."

그는 내 말을 대수롭지 않게 듣는 듯 했습니다. 그가 후쿠오카 공항에 도착하자 현지 신문사 편집국장이 친절하게 그를 안내했습니다. 편집국장의 안내로 그가 간 곳은 일본의 유명 시인이자 화가였던 '유메노 교사쿠'의 추모회였습니다.

1948년에 사망한 유메노 교사쿠는 우리의 천재 시인 이상(李箱)에 비견되는 유명한 예술가로, 유메노 교사쿠에 대한 안내 팸플릿을 읽던 L씨는 깜짝 놀라고 말았습니다. 그는 팸플릿에 실린 〈시간〉이라는 시를 읽고 있었는데, 〈시간〉은 L씨의 첫 데뷔 시의 작품 제목과 일치했기 때문입니다.

제목만이 아니라 작품의 주제와 문장까지도 비슷하다는 것에 L씨는 더더욱 놀랐고, 그때 문득 내가 흘린 말이 생각나더랍니다. 그는 작가의 사진을 들춰보았는데, 자신보다 키는 조금 컸지만 뒤어나온 광대뼈며 올라간 눈매, 짙은 눈썹이 현재의 자신과 많이 닮아 있었습니다.

사회자가 들려주는 작가의 일화는 그를 또 한 번 놀라게 만들었습니다. 유메노 교사쿠는 몸에 열이 많아 글을 쓸 때 나체로 돌아다니는 습관이 있었는데, 이는 L씨의 버릇이기도 했습니다. 철저한 평화주의자로 한국문화를 광적으로 좋아했던 유메노 교사쿠와 한국을 대표하는 예술인 L씨. 두 사람의 공통점은 과연 우연의 일치였을까요?

영혼의 DNA란 한 사람이 전생에 살아온 행적이 영혼에 새겨져 그 사람의 삶에 습성으로 나타나게 됩니다. 그렇다면 우리는 도저히 벗어날 수 없는 운명의 올가미에 묶여있는 것일까요? 이미 영혼의 DNA가 정해져 있다면 우리는 아무리 다시 태어나고 죽음을 반복한다고 해도 자신의 운명을 벗어날 수 없는 것 아닌가요?

답을 말한다면 그렇지 않습니다. 습성을 바꿀 수 있다면, 자신의 운명도 바꿀 수 있습니다. 습성을 바꾸기가 쉽지는 않지만 자신의 마음 안에, 영혼의 힘 안에 변화의 키가 있다는 것을 믿는다면 가능하다고 말할 수 있습니다.

바로 이 지점에서 영혼을 발견한 사람과 아닌 사람의 차이가 존재합니다. 노력하지 않고는 절대 성공할 수 없는 것처럼, 열심히 영혼을 발전시키지 않고서는 좀더 나은 인생을 살 방법도 없습니다.

영혼의 DNA는 우리의 행적을 아주 잘 기록해 주고 있는 인생기록부라는 것을 기억하시길 바랍니다.

# 내가 있는 곳이 천국

죽어서 천국이나 극락에 가고 싶다는 이들을 자주 봅니다. 또한 신앙인들에게 천국을 비롯한 극락왕생에 대한 열망은 자연스러운 믿음이기도 합니다.

그들이 주로 열망하는 천국에 대한 묘사는 대체로 다음과 같습니다. 아름다운 자연과 부족함을 모르는 세상, 행복해 보이는 사람들과 그 안에서 아무런 근심걱정 없이 평화를 누리고 있는 자기 자신의 모습입니다.

종교는 천국에 가기 위한 방법으로 여러 규칙들을 알려줍니다. 종교인들은 그 말을 믿고 따르며 천국에 갈 날을 손꼽아 기다립니다.

그러나 수많은 영가들을 마주했던 경험에 따르면 물리적인 의미의 천국이 따로 존재한다고 보기엔 어렵습니다. 죽음을 맞이한 이들은 모두 각자의 본래 영혼으로 돌아갑니다. 즉, 물리적인 어떤 공간이 아니라, 육체라는 옷을 벗고 영혼 그 자체로 돌아가는 것이라고 이해해야 합니다. 자신들이 평소에 즐겨하던 대로, 또 파장이 맞는 친구들이나 가족들과 끼리끼리 모여 있습니다.

따라서 육체를 벗어난 영혼들은 신이 지어준 파라다이스가 아니라 현상계에서 평소 자신이 좋아하던 것을 계속 좋아할 수 있는 상태를 동경하면서 존재합니다.

평소에 자신이 생각하던 대로 머물던 곳으로 돌아갈 뿐이라면 복 짓고 살던 이는 복 짓는 일이 많은 곳으로 돌아가 서로 짓는 복에 행복해 할 것이며, 나쁜 짓을 하던 사람들은 평소 그가 행동하던 대로 그와 같은 영혼을 가진 이들과 어울리게 되는 것입니다.

영혼이 육체 속에서 갇혀 있는 동안에 우리가 그 영혼의 존재를 깨닫고 좀더 나은, 좀더 선하고, 밝은 일에 영혼이 쓰이도록 노력해야 하는 이유를 분명하게 알 수가 있습니다.

천국을 생각하며 천국의 주인답게 처신하면 천국이 나의 것입니다. 선업(善業)을 쌓아 천국에 당도하겠다는 욕심도, 죽어 지옥에 가게 될까 두려워 들꽃 같은 인생을 살지 못하는 집착(執着)도 모두 헛되고, 헛된 것입니다.

당신이 짓는 그곳이 바로 천국이거나 지옥이거늘 어디에 진리를 놔두고 정처 없이 떠돌아다니려 하십니까? 그러니 천국에 보내달라고 기도할 것이 아니라 자신이 가고 싶은 천국의 모습을 만들어가는 삶을 살아야 합니다.

죽어 돌아가는 곳이 바로 그 심상일 뿐이니 우리는 천국에 보내달라고 기도할 것이 아니라, 자신이 가고 싶은 천국의 모습을 만들어가는 삶을 매 순간, 순간 살아내야 할 것입니다.

몇 푼의 선행, 몇 시간의 기도로 천국의 문이 열리는 것이 아닙니다. 매 순간 숨 쉬듯 내 삶을 돌아보고 그 삶 속에서 죄보다는 복을 많이 지으려 노력하는 내가 만들어질 때, 비로소 내가 지은 만큼의 천국이 열리게 됩니다.

## 스스로 불을 밝히다

우리의 세계가 아무리 '혼돈'이라고 할지라도 나름의 질서와 규칙이 존재하는 것처럼 영혼의 세계도 마찬가지입니다. 오히려 현상계보다 좀더 엄격하고 규칙적이라고도 할 수 있습니다.

현상 세계에서는 종종 현상과 본질이 다르게 나타날 수도 있습니다. 고약한 인간이 다른 이들보다 풍요로운 삶을 즐기기도 하고, 실력과 능력이 없이도 남보다 윤택하게 살기도 합니다. 반면에 바르고 착한 사람은 모진 풍파에 시달리는 일이 비일비재합니다.

하지만 영혼의 세계는 그런 일이 생기지 않습니다. 모든 것이 뚜렷하고 명확합니다. 사기꾼은 사기꾼이라는 것이, 도둑은 도둑이라는 것이 바로 드러납니다. 남을 속이거나 남을 해하려 하는 것이 분명하게 드러나는 것이 영혼의 세계입니다.

모든 영혼이 자유롭게 소통하고 평등하기에 오히려 완전한 질서를 보이는 곳이 영혼의 세계입니다.

영혼의 세계에서는 단지 세상을 살면서 쌓은 덕과 선, 그리고 업적으로 빛나는 에너지만이 존재하기에 다툼도 미움도 없습니다.

영혼마다 자신이 가지고 있는 영력(靈力)과, 정신의 에너지만큼 빛을 발하는 자등명(自燈明)같은 세계가 영혼의 세계입니다.

세상을 살면서 좋은 일보다는 나쁜 일, 남을 돕기보다 해를 끼치는 일에 빠져 자신에게 주어진 생명에너지를 헛되이 쓴다면 영혼의 빛을 발할 에너지를 잃어 불 꺼진 등 같은 존재가 되고 맙니다.

선한 업을 쌓은 현생의 삶이 벌써 천국이며, 악한 인연을 맺은 현생의 삶이 벌써 지옥입니다.

이를 불교에서는 "당신이 바로 부처입니다"라고 전하며, 예수님은 "네가 바로 하나님이 거하시는 곳"이라고 말씀하시기도 했습니다.

## 영혼이 우주를 만들고 있다

아인슈타인은 이런 말을 하였습니다.
"종교를 모르는 과학은 장님이고, 과학을 무시하는 종교는 절름발이다."

과학과 종교는 진리를 탐구하기 위한 양대 축으로 불가분의 관계입니다. 그래서 나는 종교적인 삶을 추구하지만 과학에서 밝히는 진리에 항상 귀를 기울입니다.

그 중 양자물리학은 보이는 세계와 보이지 않는 세계의 끈끈한 관계를 설명해 주기에 종교인이라면 더욱 관심을 갖는 분야입니다.

가장 대표적인 연구는 1998년 와이즈만 과학원에서 실시한 이중슬릿(Double Slit) 실험입니다.

물질은 미립자로 구성되어 있습니다. 더 이상 물질을 쪼갤 수 없을 때까지 쪼개면 미립자가 나옵니다. 눈에 보이는 것이든 보이지 않는 파장이든 미립자가 최소 구성물질입니다. 이 미립자가 어떤 원리로 움직이는지, 구성되는지에 대한 실험결과는 다음과 같습니다.

과학자들은 미립자를 자동발사기를 통해 발사시켜 틈이 있는 벽을 통과하여 뒷 벽면에 닿게 했을 때 미립자가 어떻게 움직일 것인지가 궁금했습니다. 미립자들은 하나씩 직선으로 날아가 틈을 통과하여 벽면에 부딪쳐 알갱이 자국을 남겼고 이는 실험자의 예상과 같은 결과였습니다.

그러나 실험 관찰자가 잠시 자리를 비우고 돌아왔을 때 너무도 놀라운 일을 발견합니다.

실험 관찰자가 없는 사이에 자동으로 발사된 미립자들은 알갱이가 아니라 물결로 변해 벽 틈과 상관없이 뒷 벽면에 물결자국을 남긴 것입니다. 결론은 관찰자가 '미립자는 고체 알갱이고 저 틈을 통과해 갈거야' 라고 생각했기 때문에 미립자가 관찰자의 마음대로 움직인 것이었습니다.

만물이 내가 생각하는 대로 움직인다는 사실이 놀랍지 않습니까? 과학자들은 이 관찰자 효과를 '신이 부리는 요술'이라고도 하고 미립자들이 가득한 우주를 '신의 마음'이라고 부릅니다.

나는 여기서 한 가지를 더하고 싶습니다.

'우주보다 영혼이 먼저 있었다. 영혼이 우주를 창조했다.'

영혼, 즉 우리의 의식체가 있었기에 우주가 창조된 것입니다. 영혼이 위대한 이유와 우리가 영혼의 힘을 발견하고 내 안에 잠든 신을 깨워야 하는 이유가 바로 여기에 있습니다.

영혼이 곧 우주이며, 우주가 곧 영혼입니다.
당신의 영혼이 우주를 만들고 있으며, 당신의 영혼의 성숙으로 말미암아 더 아름다운 우주가 창조 될 것입니다.

# 영혼은 곧 나의 의식체

내가 영혼을 직접 볼 수 있다는 사실을 전해들은 사람들은 한결같이 궁금증을 갖습니다. 영혼이 어떻게 생겼는지, 실제로 존재하긴 하는지, 그것을 어떻게 증명해 보일 수 있는지 등등. 그들은 저마다 자신이 경험하지 못한, 또는 경험할 수 없는 신기한 일을 내가 체험했다고 생각하고 질문공세를 퍼붓습니다.

하지만 언제나 그렇듯 나는 미소를 지어 보일 뿐입니다. 그저 우리 눈에 일상적으로 보이는 자연과 사람처럼 영혼도 내게는 풍경이고 또 다른 존재일 뿐입니다.

사람이 물 속에 잠기면 호흡곤란을 일으키지만 물고기에게는 오히려 육지가 그러한 것처럼, 일상적으로 존재하나 단지 차원이 다른 세계에 머물기 때문에 누구에게는 낯설고 나와 같은 이에겐 익숙한 존재일 뿐입니다.

흔히들 영혼을 괴담 속에 등장하는 귀신으로, '사랑과 영혼'에 등장하는 유령(ghost)으로 말하기도 합니다만(물론 영혼이라는 말을 육체를 떠난 영(靈)과 혼용하여 사용하기는 합니다), 우리가 깨달음을 통해 접근해야 하는 영혼이라는 개념은 주관적 체험을 고스란히 안고 있는 우리의 의식이라고 할 수 있습니다.

살면서 누군가를 좋아하거나 미워하는 마음 등 끙끙거리며 고뇌하는 모든 주관적 정신작용이 바로 영혼의 의식 작용입니다. 우리는 영혼이 가진 이 의식의 힘 때문에 세상을 살면서 영혼의 상념과, 습관, 감정과 생각의 지배를 받으며 살아가게 되는 것입니다.

그렇기 때문에 영혼의 관성을 바꾸는 일은 결코 쉬운 일이 아닙니다. 본질이 저 너머에 있는데 현생이라는 찰나와도 같은 시간동안 공들이는 기도, 또는 어설픈 공부나 지식만으로 그 본질을 뛰어넘을 수 없기 때문입니다.

영혼은 인간의 품성과 관련이 있습니다.
품성이란, 성품과 비슷하지만 조금 다른 특징을 지니고 있습니다. 성품은 교육과 철학, 환경에 따라 후천적으로 습득되는 자질입니다. 하지만 품성은 영혼의 씨앗으로서 후천적 영향과는 무관한 일종의 유전자 같은 성질이라고 볼 수 있습니다.

이 품성이 바뀌려면 지각변동 같은 삶의 계기가 필요한데 인간의 삶에선 주로 고난의 시간이 그러합니다. 수많은 성직자와 성인들이 스스로 고행의 길을 자처하거나, 참선을 비롯한 정신수양을 하는 이유도 바로 여기에 있습니다. 타고난 본성과 혼탁한 정신을 다스리기 위해서는 고도로 정신을 집중하고 마음을 다스릴 수 있는 수행의 시간이 필요하기 때문입니다.

'내가 어떻게 느끼고, 어떤 감정을 가지고 살아가느냐'의 문제가 곧 영혼을 발전시키는 시작입니다.

한 생각이 곧 우주로 닿는 길이라는 말을 기억한다면, 매일, 매시, 1분 1초도 바른 정념(正念)을 가지지 않고는 살 수 없습니다.

## 빛보다 빠른 생각

자신이 아닌 다른 이에 대한 심적인 상념이 순간적인 에너지로 바뀌어 상대방, 또는 자기 자신에게 예상하지도 못했던 결과를 만드는 일을 흔히 '염(念) 현상'이라고 합니다.

쉽게 말하자면 우리가 서로 떨어져 있더라도, 특별히 말이나 힘을 전달하지 않고도 영혼을 통해 생각과 에너지를 자유롭게 교환할 수 있다는 뜻입니다.

1950년대에 일본의 교토대 영장류(靈長類) 연구소에서는 흥미로운 연구를 시작했습니다.

미야자키 현에 사는 야생 원숭이들에게 흙 묻은 고구마를 나누어 주고 먹는 방법을 관찰했습니다. 처음에는 흙이 묻은 고구마를 몸에 문지르거나, 흙을 털어낸 뒤 고구마를 먹는 모습이 관찰되었습니다. 그러던 중 한 원숭이가 고구마를 강물에 씻어서 먹었습니다.

한 달쯤 지나자, 이 원숭이와 비슷한 또래의 원숭이가 무리를 지어 강물에 고구마를 씻어 먹었고, 이후 가뭄이 닥치자 많은 원숭이들이 바닷물에 고구마를 씻어 먹었습니다.

염분이 묻은 고구마가 더 맛있다고 생각한 원숭이들은 가뭄이 끝난 뒤에도 고구마를 바닷물에 씻어 먹는 일을 멈추지 않았습니다. 고구마를 그냥 먹는 원숭이들도 많았지만 그 수는 점차 줄어들었고, 이윽고 100마리라는 임계점에 도달했을 때 놀라운 일이 일어났습니다.
바로 그 섬의 모든 원숭이가 고구마를 씻어 먹었고, 이 섬과 멀리 떨어진 다른 섬에서도 같은 일이 벌어졌습니다.

이에 대해 연구진들은 '100번째 원숭이 효과'라는 이론을 발표했습니다. 특정 행위를 하는 개체 수가 일정한 양에 도달하는 순간부터는 행동이 해당 집단에 국한되지 않고 확산된다는 이론이었습니다.

이 이론이 흥미로운 점은 언어, 규칙, 특별한 교류가 없이도 상념을 통해 그 에너지나 생각이 전달될 수 있다는 것입니다. 즉, 영혼이 곧 동력이 될 수 있다는 사실입니다.

빛보다 빠른 것이 생각입니다. 생각하는 순간에 이미 거기에 도달해 있는 셈이지요.

그 어떤 말보다 빠르고, 그 어떤 에너지보다 강렬한 상념의 힘!

대화나 설득만으로 달성하기 어려운 절실한 염원이 있다면, 자신의 영혼을 발전시키고, 꾸준히 다른 이들과 그 영혼을 소통시킴으로써 자신의 간절한 상념을 확산시켜 나갈 수 있습니다.

# 현실은 영혼이 만들어낸 꿈

어느 날 장자(莊子)가 꿈을 꾸었습니다. 꿈속에서 자신이 나비가 되어 꽃밭을 날아다니는 꿈이었지요. 그런데 꿈을 깨어보니 자신은 장자라는 사람이 아니겠습니까?

그 순간 장자는 '내가 나비의 꿈을 꾼 것인가, 나비가 장자라는 인간의 꿈을 꾸고 있는 것인가?' 하는 화두를 갖게 되었고 이로부터 꿈과 현실을 구분 짓는 것 자체가 의미 없음을 깨닫게 되었다고 합니다. 이를 '호접지몽(胡蝶之夢)'이라고 하며, 흔히 인생을 이렇게 말하기도 합니다.

주로 인생의 무상함을 나타낼 때 모든 것이 꿈에 불과하다고 위로하지만, 실은 인생의 무상함보다는 그 뒤의 이면을 보고 깨달아야 하는 진리가 숨어 있습니다.

바로 우리가 발을 딛고 서 있는 현실이 마음이 만들어낸 꿈이라는 것이지요. 나의 마음만이 나 자신이며, 나비이든 장자이든 그 어떤 존재도 결국 나 자신은 아니라는 뜻임을 깨달아야 합니다.

크리스토퍼 놀란(Christopher Nolan)의 영화 〈인셉션〉에도 인간의 의식과 현실을 어떻게 구분할 것인지 고민한 흔적이 담겨있습니다. 생각을 빼내어 현실에 반영한다는 설정만 보아도 알 수 있듯 꿈과 현실의 경계가 혼란스럽게 그려져 있습니다.
그렇다면 실제의 우리는 어떠할까요? 영화가 실제의 사실에 바탕을 둔 과장이라고 하더라도 〈인셉션〉속의 의식과 꿈, 현실과 그 밖의 경계에 대한 묘사는 사실과 매우 흡사합니다.

우리의 영혼을 의식에 바탕을 둔 본연의 나로 생각할 때, 현실은 잠시 잠들어 있는 나른한 꿈 또는 의식의 일부에 지나지 않습니다. 현실은 나의 의식이 만들어낸 꿈과 같습니다. 죽음은 나의 본래의 상념체로 돌아가는 사건입니다.

따라서 살아있는 동안 영혼의 세계가 실재하며, 본래의 더 커다란 우주적 의식이 존재한다는 것을 깨닫는 일은 얼마나 놀라운 진화인가요? 영혼의 세계 즉, 우리 의식의 본질인 영혼을 깨닫기 위해 우리는 지금도 열심히 꿈속을 헤매고 있는 것입니다.

그 헤맴속에서 누군가는 혼탁한 가치만을 보고, 누군가는 그 꿈에서 깨고 나와 진정한 가치를 찾습니다. 그 중 후자의 사람들, 즉 영혼을 마주하고 싶은 열망을 가진 사람들을 도와 그들의 가이드 역할을 해 온 것이 바로 나의 일이었다고 할 수 있습니다.

그러나 나에게만 영혼세계에 관한 천명(天命)이 주어진 게 아님을, 이제 여러분은 아셨으리라 생각합니다. 우리 모두에게 돌아갈 영혼의 세계가 있는 것처럼 꿈같은 이 현실을 연습 삼아 해결해야 하는 각자의 영혼의 숙제가 있지 않겠습니까?

여러분은 어떤 꿈을 꾸고 계신가요?
이 꿈에서 깨어나면 어떤 모습의 나와 마주하게 될까요?

## 비우면 채워지는 영혼

만약 영혼이 모든 가능한 무한존재라면, 당신 안에 신이 잠들어 있다고 한다면, 왜 우리는 쉽게 발현(發顯)하지 못하는 걸까요?

그것은 내 영혼 안에 켜켜이 쌓여있어 자동적으로 떠오르는 부정적인 생각들 때문입니다. 그것이 이전의 여러 생애 동안 쌓인 실패의 역사 때문일 수도 있고, 자기 자신을 믿지 못하거나 자신의 한계를 규정짓고 있기 때문일 수도 있습니다. 또는 의욕이나 꿈을 포기했기 때문일 수 있습니다.

당신의 깊은 내면을 들여다 보세요. 어떤 부정적인 생각들이 있는지 생각해 보십시오.

스스로에게 내린 정의나 규정의 한계에서 벗어나 보십시오. 나는 누구 누구라고, 나를 규정짓는 모든 허물과 정의에서 벗어나 보세요. 내 것이라고 생각하는 것, 나라고 고집하는 것을 비워보세요.

인도의 요기 프랄라드 자니(Prahlad Jani, 87세)는 일곱 살 때 고아가 되어 여덟 살 때부터 산속에서 명상과 수행을 해왔습니다. 그는 70년 이상 음식과 물 없이 살았다고 주장해 많은 과학자들로부터 의심을 받았습니다. 그의 말이 과연 진짜인지 알기 위해 과학자들은 그를 병원에 입원시켰고, 15일 동안 조심스럽게 지켜보았습니다. 사람은 15일을 버틸 수 없다며 의사들은 죽을 것이라 했지만, 그는 15일이 지나도 아무 이상 없었고 두뇌는 25세 청년의 두뇌처럼 맑았습니다. 그는 말합니다.

"나는 명상하면서 사랑 가득한 생명 에너지를 들이마십니다. 그러니 음식이 필요 없지요."

어쩌면 그는 생명 에너지로 충만한 삶을 살고 있는 산 증인인지도 모릅니다. 우리가 음식 섭취를 하지 않아도 살아있을 수 있다는 것은 인간의 고정관념을 벗어난 일입니다. 우리가 가지고 있는 고정된 관념들이 어쩌면 우리 자신을 옭아매고 있는지도 모릅니다.

태양은 언제나 빛나고 있습니다.
태양을 등지는 것은 우리 자신입니다. 보이지 않는 세계인 영혼

세계의 생명 에너지는 항상 빛나고 있습니다. 무한한 영혼은 비울 때 채워질 수 있습니다.

## 영혼은 자유로워라

영혼은 시공(時空)을 초월해 자유롭게 존재합니다. 그렇기 때문에 현생의 삶이란 육신의 옷을 빌어 잠시 머물다 가는 찰나와도 같은 것입니다.

영혼은 천리(天理)에 따라 물질이나 사람에 깃드는 것입니다. 그렇게 때문에 지구 아닌 다른 행성에서도 얼마든지 존재할 수 있습니다. 영혼의 진화에는 무한무변의 자유가 필요합니다.
따라서 내 자신의 본질인 영혼을 깨닫기 위해서는 내 의식을 가로막는 모든 부정적인 것들로부터 자유로워져야 합니다.

행복해지고 싶다고 소망하면 행복에 이를 수 있게 하는 것이 바로 영혼의 힘입니다. 내 영혼의 힘을 발견하기 위해서는 먼저 내 안에 어떤 장애가 있는지 들여다 보세요. 내 영혼의 무한한 가능성을 가로막는 부정적인 생각들은 무엇인가요?

그것을 주인인 내가 모른다면 영영 소망만 품다가 영혼은 육신에 갇힌 채 맴돌 뿐입니다. 현생은 수없이 경험한 생애 중에 하나일 뿐이고, 영혼은 이 수많은 인생을 거치며 진화하고 성숙해가는 나의 진정한 의식체이고 객체입니다.

오감의 인격체와 본체로 이루어진 영혼은 끝이 없고, 일정한 형태가 없으며, 시간과 공간에도 제약이 없는 무한한 가능성 그 자체입니다. 우리를 품고 있는 우주가 곧 영혼이며, 초자연의 법칙으로 존재하고 있습니다.

영혼은 그렇게 우주를 여행하며 나의 의식을 잠시 잠깐의 생애에 부여했다가 다시 돌아가길 반복하고 있습니다. 따라서 이 짧은 여행 동안에 내 영혼이 좀 더 진화할 수 있도록, 좀더 추진력을 갖춘 가능성의 존재로 발돋움할 수 있도록 영혼을 들여다 보고 깨닫는 활동을 멈추지 말아야 합니다.

살면서 품게 되는 수많은 소망의 해법이 바로 영혼이라는 가장 자유스러운 존재 안에 있다는 것을 오늘 하루 조금 더 깨달아 가시길 바랍니다.

## 영혼을 깨달은 사람이 많아진다면

재미삼아 점을 보는 사람들이 많습니다. 살기가 예전 같지 않아서 그럴까요? 겉으로는 재미로 본다고 말하지만 자신의 미래에 대한 궁금증과 막연한 두려움을 어딘가에 기대어 풀어보려고 하는 것이겠죠.

최근 한 드라마에서 외계에서 온 남자 도민준이라는 캐릭터가 큰 사랑을 받았습니다. 멋진 남자이기도 했지만 그가 가진 능력은 많은 여성들의 심금을 울리기에 충분했습니다. 척척 내 마음을 알아주는 남자였기 때문입니다.

물론 이처럼 사랑을 전제로 한 능력은 아니지만 도민준이 가진 능력은 내가 알고 있는 영능력과 유사한 부분이 많습니다.

그렇다면 정말로 상대방의 마음을 읽어내는 것이 가능할까 궁금해 하는 분들이 있겠지요.

드라마에서 보여지는 것처럼 상대방의 머릿속 생각을 훔쳐보듯 읽어내는 것은 가능합니다. 영능력은 상대방과 그야말로 "통"하는 것입니다.

그러나 영혼의 능력은 그것보다 더 깊습니다. 누군가의 전생과 현생, 내생을 그리 큰 힘을 들이지 않고도 들여다보는데 이는 수천 년을 거쳐온 영혼의 깊이를 공유하기 때문입니다. 그래서 서로 보는 순간 감정을 공유할 수 있고, 말로 애써 표현하지 않아도 표현한 것보다 더 깊이 상대방 마음의 깊이를 공유하게 합니다.

수심 가득한 얼굴로 나를 찾아온 이에게 그가 말을 꺼내기도 전에 "어머니를 용서하세요"라고 위로했을 때, 그는 아무 말 못하고 눈물을 흘립니다. 그 사람의 영혼을 보면 그렇게 말할 수 밖에 없습니다.

너무 힘겨워 혼자 끙끙 앓고 있던 깊은 상처들을 굳이 말하지 않아도 '아, 당신에겐 그런 아픔과 상처가 있었구나' 하고 위로해줄 수 있는 '열린' 상태에 이르렀을 때 일어나는 일입니다.

영혼을 깨달은 사람들이 많아지면 상대의 영혼을 마주하고 있는 듯 이야기하는 것, 그 사람의 생각과 정서를 느낌으로서 그대로 받아들이는 것, 더 나아가 한 사람의 과거, 현재, 미래를 모두 보는 것과 같은 짜릿한 교류, 이런 것들이 너무나 자연스럽게 일어날 것입니다. 그것이 바로 영혼의 진화에 따른 이른바 영혼의 르네상스입니다. 나는 우리의 영혼이 한층 더 성숙하여 더 많은 사랑과 위로가 세상을 더욱 따뜻하게 만들기를 바라고 있습니다.

## 낭만적인 영혼 수행

영혼의 존재를 깨닫는 일을 마치 산 속의 도인이 수행하듯 해서는 곤란합니다. 이 글을 읽는 여러분은 행복해지기 위해서 영혼을 찾으려 합니다. 그러면서도 도인과 같은 수행을 한다면 그것은 우리의 생각이 고루해서입니다. 깨달음의 참뜻을 안다면 생각이 변해야 합니다. 시대에 맞는 방법을 해야 합니다.

만약 웃으면서 할 수 있다면 어떨까요? 나는 웃으면서 할 수 있는 영혼 수행이야 말로 최고의 참선이라고 생각합니다.

과거의 내가 오늘의 나를 만들었다는 사실을 인식하고 받아들인다면, 그래서 오늘, 지금, 현재의 내가 짓는 말과 복이 '내일의 나'를 만든다는 사실을 알고 있다면 신바람나는 웃음이 절로 지어질 것입니다.

어제까지 숙명(宿命)에 좌절하며 불행의 이유를 찾아 늪을 헤맸다면 지금부터는 그 숙명이 던져준 메시지들을 웃으면서 암호 풀듯 하시길 바랍니다. 수행이, 깨우침이 그리 멀리 있지 않습니다.

지금보다 좀 더 충만한 삶을 위해서 기꺼이 영혼 찾는 수고를 감당하고 싶다면 그 과정을 웃고 즐기시길 바랍니다. 고행보다는 웃음과 낭만이 낫지 않겠습니까?

# 나로부터의 시작

　삶의 모든 문제와 갈등의 시작이 나로부터 시작된다는 것을 알아야 합니다. 현재의 불행도, 기적 같은 행운도 모든 것들이 내 의식의 주인인 나로부터 시작됩니다.

　물 한잔을 엎지르면 우주가 목마르고, 꽃 한 송이를 꺾으면 우주의 어느 한 부분을 꺾는 것입니다.

　나라는 존재는 내 인생만이 아니라 세상을 움직이는 원천이 되는 것입니다. 이를 불교에서는 '천상천하 유아독존(天上天下 唯我獨尊, 하늘아래 내가 가장 존귀하다는 의미)'이라는 가르침으로 전하기도 합니다. 이는 교만(驕慢)하고 오만(傲慢) 하라는 가르침이 아닙니다.

나 자신이야말로 가장 진실한 존재라는 사실을 스스로 알아야 하고, 자신이 모든 것을 이루고 무엇이든 창조할 수 있는 열쇠를 쥔 주인공임을 알아야 합니다. 하지만 누군가의 종을 자처하고, 주인공을 양보하며 자신의 인생마저 남의 뜻에 맡기는 사람들이 많습니다. 살다 보면 겉으로 그런 시늉을 할 때가 있지만 마음까지 그러면 '나'라는 존재는 없는 거죠.

내 한 생각이 곧 세상을 움직이는 열쇠임을 자각한다면, 우리는 순간도 영원처럼, 영원도 순간처럼 주인공의 삶을 살 수 있습니다.
내가 나의 주인이라는 사실을 완벽히 자각할 때, 세상의 모든 상념을 내가 조종할 수 있게 됩니다.

스스로를 가장 멋지고 훌륭한 세상의 주인공이라고 생각하세요. 당장 기적 같은 일은 이룰 수 없겠지만, 그 시작이 자신을 가장 존엄하고 소중한 사람이라고 여기는 순간부터라는 것을 잊지 마십시오.

'삶의 모든 문제가 나로부터 시작이다.'
오늘부터 그 시작을 이루시길 바랍니다.

## 삶의 목적은 영혼을 깨닫는 것

　인간은 어머니의 뱃속을 나오면서 첫 울음을 터뜨립니다. 편안하기만 했던 어머니의 양수(羊水) 속을 벗어나 처음으로 맞이하는 찬란한 빛과 자신을 바라보는 어머니와 아버지의 탄성을 미처 알아차리기도 전에 앞으로 펼쳐질 미지의 삶에 대한 두려움 때문입니다.

　태어나 처음 맞이하는 감정이 두려움이라는 사실은 참 아이러니합니다. 기쁨, 환희, 즐거움, 행복과 같은 수많은 긍정의 감정을 알기도 전에 우리는 두려움을 먼저 느끼게 되는 것이죠. 게다가 인생은 살아도 알 수 없는 것들 투성이고, 우리는 어른이 되어서도 이 두려움 앞에서 자유롭지 못합니다.

　'어떻게 살아야 할까?'

'왜 살아야 할까?'

이 질문에 대한 해법은 영혼에 있습니다.
내 영혼이 나와 어떠한 관계가 있는지 어떠한 작용을 하는지를 알기 위해 '참나'를 위한 공부를 해야 한다는 뜻입니다.

우리의 인생은 현재나 가까운 미래에 벌어질 일의 성공보다 영혼의 성숙에 그 목적이 있습니다. 누군가의 인정, 객관적인 성공의 지표, 그리고 당장의 결과물보다 먼저 자신이 누구인지, 그 의식의 완성을 통해 일어나는 작용에 대해 깨닫는 것이야 말로 두려움 없는 삶을 살아가는 방법입니다.

우리는 스마트 폰 하나만 잃어버려도 당황해합니다. 젊은 사람일수록 그 정도가 심합니다. 어떤 사람은 세상을 다 잃은 듯 전전긍긍합니다. 스마트 폰 하나를 잃어버린 결과에도 이토록 두려워하면서 정작 자기 자신을 잃어버리고 사는 것에는 지나치게 안일하지는 않습니까?

내가 어떻게 해서 태어났으며, 어떻게 이곳까지 흘러왔는지, 어떻게 살아가야 할 대상인지를 깨닫는 것은 결국 내 숙제입니다. 자기 자신을 잃어버린 삶은 결국 두려움의 연속일 뿐입니다. 자신이 누구인지 깨닫고, 그 의식의 방향을 바로 세울 수 있을 때 우리는 어머니의 품에서 터뜨리던 울음을 그치고, 이내 평온히 잠이 들었던 그 시절의 행복을 다시금 기억해낼 수 있을 것입니다.

*Life with Soul*

하얗게 김이 서린 유리창은 잘 닦아야 비로소 안과 밖을 훤히 볼 수 있지요. 우리의 마음은 바로 그런 유리창과도 같습니다. 우리의 마음이 맑게 닦였을 때 영혼의 진화가 시작된다고 할 수 있습니다. 나와 영혼의 세계가 비로소 마주 할 수 있습니다.
그 동안 우리가 겪은 많은 상처와 미움, 아픔 때문에 영혼의 세계가 보이지 않았던 것이라면 당신은 어떻게 하시겠습니까?
혼탁한 시계(視界)에 파묻힌 채 답답해하고 헤매기만 할 것인가요? 당신의 마음을 닦아 밝고 환한 내일을 열어갈 것인가요?
2장은 마음을 닦음을 통해 영혼을 마주하는 첫걸음을 안내합니다.

영혼 진화를 시작하려는 당신에게
# 닦음

# 여유와 미소

"쳐다보고 있는 주전자는 절대로 끓지 않는다"라는 미국 속담이 있습니다. 조급하게 서두르고 초조하게 생각하면 아무 일도 되지 않는다는 뜻입니다. 하지만 우리는 누구나 한 번쯤은 때가 되면 이루어질 일에 지나치게 조급한 마음을 가진 적이 있을 겁니다.

때가 된다는 말은 무엇입니까? 일이 다 될 때까지 기다림이 필요하다는 말입니다. 즉, 모든 일에는 반드시 일정 수준의 인내와 여유가 필요합니다.

꽃이 져야 열매가 맺듯이, 마음이 너무 앞서나가면 결과는 따라가지 못합니다. 지금 당장 이뤄지지 않아 속이 상하더라도, 또 되는 일이 없어 상황이 좋지 않더라도, 조급해 하지 말고 때를 기다리는 여유가 있어야 합니다.

그 여유를 즐기는 가장 좋은 방법이 바로 웃음입니다. 여유가 있을 때 터져 나오는 웃음이 아니라, 긴박한 상황에서도 웃어넘길 수 있는 유연한 웃음 말입니다.

간혹 심각함과 엄숙함 속에서 도를 찾으려는 분들이 있습니다. 그래야만 무언가 얻는 것이 있을 거라 생각하는 것 같습니다. 하지만 한 번 크게 웃는 것이, 열 번 기도를 올리는 일보다 도를 깨치는 데 더 가깝습니다.

그 이유는 무엇일까요?

'남에게 잘 해줘야지' 진중하게 마음먹는 이보다 지금 당장 밥 한 술을 나눠주는 우리 어머니의 마음이 더 도에 가까운 것처럼, '영혼을 밝혀야겠다' 결심하고 열심히 기도를 올리는 자보다, 옆 사람에게 웃음 한 번 더 지어줌으로써 모두를 넉넉한 행복으로 이끌어가는 이에게서 더 많은 행복과 덕망을 엿볼 수 있기 때문입니다.

따라서 정진하되, 조급히 서두를 필요는 없습니다. 마음에 웃을 수 있는 여유가 있다면 그 사람이 곧 부처가 아니겠습니까?

짜증스러운 인생일지라도, 풀 길 없이 척진 원수일지라도, 따분하고 권태로운 일상일지라도 크게 웃고 나면 모든 것이 별 것 아닌 일처럼 느껴질 겁니다.

바로 그것이 우리가 그토록 원하던 영혼의 발전이 아닐까요?

# 하루 연습

우리는 하루를 보내며 참 많은 인생연습을 합니다.

아침에 눈을 뜰 때에는 태어나는 연습을, 집을 나설 때에는 헤어지는 연습을, 저녁에 들어가서는 다시 만나는 연습을 하는 것이며, 잠자리에 들 때엔 죽는 연습을 하는 것입니다. 따라서 하루를 잘 지냈다면 한 생(生)을 잘 살았다고 할 수 있습니다.

혹시 여러분은 '오늘부터 정말 잘 살아야지!' 마음먹고도 '아직 남은 날이 많으니 내일부터 하자!' 하며 순간의 결심과 각오를 내일로, 또 내일로 미루고 있진 않습니까?

순간이 영원이고, 하루가 한 생인데 허투루 보낼 시간이 과연 있을까요?

하루가 인생 연습입니다. 하루를 놓치면 한 생을, 그리고 영원을 흘려 보낸 것이나 다름없습니다.

내 안에 작은 우주가 있듯이, 오늘 하루를 잘 사는 것이 결국 한 생 전체를 잘 살아가는 것입니다.

하나가 전체이고, 전체가 하나입니다.
하루가 한 생이며 순간이 영원입니다.

# 비워야 행복한 삶

우리는 어떻게 하면 행복할 수 있을지 고민합니다. 서점에 가면 행복에 관한 다양한 종류의 책들이 있습니다. 행복에 대한 많은 지식을 얻었음에도 여전히 행복을 갈구합니다.

나를 찾아오는 분들도 자신이 언제, 어떻게 행복해질지 질문합니다. 하지만 아무리 영혼과 교감하는 나일지라도, 타인의 행복 크기와 그 시기를 말해 줄 수는 없습니다.

그러나 한 가지, 행복해지는 방법은 말해줄 수 있습니다.

"비우십시오. 욕심을 비우세요."

바로 비우는 것에서부터 시작하면 됩니다.

손끝에 작은 생채기라도 생기면 평소에 하던 행동도 그것 때문에 불편합니다. 멀쩡할 때엔 모르다가도 잃어버리고 나니 새삼 그 존재가 소중했음을 깨닫게 되는 일을 살면서 자주 겪게 됩니다.

대표적인 게 병(病)입니다. 우리는 몸이 아파야 비로소 겸손한 마음을 갖습니다. 건강할 때에 건강의 중요성을 아는 게 아니라, 건강을 잃은 뒤에야 그 소중함을 알게 되죠.

또 하나 든다면 그건 '일'일 것입니다. 일을 할 때는 일의 소중함을 모릅니다. 힘들어 하면서도 막상 일을 그만두게 되면 '계속할 수만 있다면'하는 아쉬움을 갖게 됩니다.

우리는 느끼지 못하지만 소중한 것을 참 많이 갖고 있습니다. 따라서 지금 내가 가지고 있는 것만으로도 충분히 차고 넘친다는 생각을 할 수 있어야, 우리는 만족하고 행복할 수 있습니다. 잃어버린 뒤에는 만족할래야 만족할 수가 없습니다.

진정 행복하고자 한다면 지금 당장 가지고 있는 것에 이미 만족한다고 말해보십시오.
"나는 이렇듯 훌륭하게 자란 자녀가 있어 참 좋다. 만족한다."
"나는 매일 나갈 수 있는 직장이 있어 열심히 일할 수 있다. 만족한다."

"나는 건강한 두 팔다리가 있어 어디든 갈 수 있고 무엇이든 할 수 있다. 만족한다."

작은 것에 만족하십시오. 만족과 행복은 비례합니다. 그것이 곧 영혼을 맑게 하는 길의 시작입니다.

# 변하지 않는
## 가치를 위한 변화

　내 영혼을 거울처럼 맑게 닦는 것은 내가 그것을 아끼고, 사랑하는 사람의 얼굴처럼 계속 들여다보는 것이라 할 수 있습니다.
　영혼을 맑게 닦고 모든 것을 내려놓는 행위의 첫째는 참선입니다.
　하지만 요즘처럼 모든 것이 빠르게 변화하고, 또 빠르게 적응해야 살아남는 시대에 가만히 가부좌를 틀고 앉아 명상을 하는 일을 '참선'이라고 한다면, 과연 몇 사람이나 그것을 지킬 수 있을까요?

　지금도 유명 사찰에서는 템플스테이를 통해 전통적인 참선을 하고 있습니다. 그러나 보통사람이 그대로 따라 하기에는 육체적으로 많은 고통이 따릅니다. 그런 참선은 종교인에게도 무척 고역입니다. 깊은 산 속에서 수행하는 스님들이 허리 디스크 따위의 질병으로 고생한다는 풍문이 결코 농담만은 아닙니다.

진묵대사(震默大師)의 수행에 대한 재미있는 일화가 있습니다.

진묵대사는 시장에서 좌선(坐禪)하기로 유명했습니다. 시끄럽고 사람 많은 장터 한 구석에 앉아 수행을 했는데, 그날 공부가 잘 되었으면 "오늘은 장을 잘 봤다"고 했습니다.

참선은 수행의 한 방법일 뿐, 그 자체는 아닙니다. 즉, '나'라는 주인의 마음가짐이 중요하다는 말입니다. 우리가 참선을 하는 궁극적인 목적은 내재되어 있는 영혼을 닦고, 조용히 깨달음을 얻는 것입니다.

현대에는 현대의 방법이 필요합니다. 다시 말해 오늘날에 맞게 깨달음을 얻어나가야 합니다. 오늘날의 참선 방법이란 생각 하나를 잘 하는 것, 마음 하나를 잘 먹는 것, 하루 한 생을 잘 살아가는 것 같이 우리의 일상 속에서 수행을 실천해 나가는 것입니다.

깨달음의 장소는 특정되지 않습니다. 방법도 한 가지만 있는 것이 아닙니다. 출근 길 지하철에서 미소 한 번 더 짓는 일로, 가족들에게 따뜻한 아침밥을 차리는 일로, 나쁜 마음보다는 착한 마음을 먹는 것으로 사소한 변화, 그렇지만 긍정의 변화를 통해 나 자신을 변화시켜 나가는 것이야 말로 참뜻을 보존하는 오늘날의 참된 수행이라고 할 수 있습니다.

참선의 참된 뜻을 몸이 아닌 마음으로 행할 수 있도록 마음 하나, 생각 하나를 달리 먹는 하루를 오늘부터 시작해보면 어떨까요?

## 그럴 수도 있는 일이었다

인생이 참으로 얄궂다고 느껴지는 날들이 있습니다. 선한 마음을 베풀었는데 감사하다는 인사조차 받지 못하거나, 열과 성을 다해 공을 들였는데도 결과가 엉망진창이 되어버린 날들이 그렇지요.

온통 섭섭하고 불쾌한 일들이 나를 둘러싸고 있는 것 같은 고독감과 슬픔. 하늘도 참 무심하다, 왜 내게 이런 일들이 닥치는가, 실로 마음이 한없이 외롭고 쓸쓸해지기도 합니다.

'대체 왜 내게만 이런 시련이 찾아오는 거지?'
'신(神)이 있다면 어떻게 내게 이럴 수 있을까?'

자신이 믿는 신을 원망해보기도 하고, 괜스레 주변 사람들에게 분풀이를 하기도 합니다. 무엇으로도 풀리지 않는 그 원망과 고통의 무게를 자신에게 이해시키기 위해 쉴 새 없이 좌절하고 분노하며 이유를 찾습니다.

그러나 이렇게 생각해보면 어떨까요?
"그럴 수도 있는 일이었구나."

내가 들인 노력에 대한 대가가 당연히 따라와야 한다는 말 속에는 아주 큰 오류가 있습니다. 그것은 어디까지나 자신의 입장이고, 자신의 판단이라는 것입니다. 즉, 누구도 당신의 노력과 열정에 대해 기꺼이 보상해줄 의무가 있지는 않습니다. 만약 그런 보상을 받았다면, 그건 운이 좋았거나 어디까지나 돌려준 이의 선행일뿐이지 자신의 노력에 따른 당연한 보상은 아닙니다.

말하자면 고통 속에서 행복을 느끼고, 진흙 속에서 진주를 볼 수 있는 삶이란 인생을 '그럴 수도 있는 것'이라는 마음가짐으로 보는 한 생각의 마음에서 나오는 것입니다.

선행을 베풀며 좋은 마음을 갖고 살아도 실패만 거듭하는 날이 있을 수도 있습니다. 그럴 수도 있는 일이지요. 누군가를 아주 많이 사랑했어도 그 사랑을 돌려받기는커녕 배신당할 수도 있습니다. 역시 그럴 수도 있는 일입니다 마음을 베푸는 순간에는 돌려받을 것을 염두에 두지 않아야 합니다. 가능하면 베풀었다는 사실조차 잊어야 합니다.

자신이 좋아서 베풀었고, 마땅히 주고 싶어서 줘버렸다면, 왜 그 대가를 돌려받으려 합니까? 이미 내가 기쁘고 행복했으면 그것으로 충분한 것 아닐까요?

부모님이 자식을 위해 가진 것을 다 베풀어도 그 대가나 보상을 바라지 않지만, 못난 자식들은 부모님의 사랑을 불효로 갚아나가는 것처럼, 진정한 사랑은 베풀고도 그 대가를 바라지 않고 설령 배신으로 돌아온다고 해도 베푼 것으로 만족할 수 있는 것입니다.

내 마음이 가득하고, 내 마음이 충분하므로 돌아오는 결과야 어떻든 '그럴 수도 있는 일'이라고 넉넉히 받아들일 수 있기 때문입니다.

'그럴 수도 있다.'

한 생각 넉넉한 그 마음 하나가 남은 인생을 비 온 뒤 맑게 개인 하늘을 보게 할지, 흙탕물에 더럽혀진 진창을 보게 할지 결정할 수 있음을 잊지 마시길 바랍니다.

## 생각에도 단식이 필요하다

생각처럼 무서운 것도 없습니다. 머릿속 생각이 무서울 것이 무어냐고 물을지 모르나 생각에 생각이 거듭되면 어느 순간 그것이 현실이 됩니다. 자식이 잘 되길 비는 어머니의 기도는 그것이 설사 실현이 안 되더라도 생명과는 상관이 없지만, 부정적이고 우려했던 생각이 실현이 되면 그 결과가 때로는 감당하기 어려울 때가 있습니다.

한 사람이 잘못하여 냉동차에 들어갔다가 얼어 죽은 사건이 있었습니다. 사실 그 냉동차는 냉동장치가 꺼져있었기에 얼어 죽을 수 없는 상황이었습니다. 하지만 그것을 알 리가 없는 그 사람은 '이 차는 냉동차이니 자신은 곧 얼어 죽을 것이다'라고 생각하고 덜덜 떨며 괴로워하다가 결국 고장 난 냉동차에서 얼어 죽은 것입니다.

얼마 전 가슴 아픈 소식을 들었습니다. 평소 잘 알던 대학병원 폐암전문의가 폐암에 걸렸다는 것입니다. 그는 언젠가 반드시 암은 정복될 것이라는 굳은 소신을 지녔던 사람으로, 폐암에 대해서는 최고의 명의(名醫) 소리를 듣는 사람이었습니다. 사실 그의 손으로 수많은 폐암 환자들이 회복되거나 수명이 연장되었기에 그가 폐암에 걸릴 줄은 상상도 하지 못했습니다.

그 의사 얘기를 들으면서 문득 몇 년 전 역시 위암으로 세상을 떠난 위암 전문의가 생각났습니다. 그에게 "세상에서 가장 무서운 병이 뭡니까?"라고 물어본 적이 있었습니다. 그때 그는 머뭇거리다 "위암이 아닌가 싶습니다. 저는 항상 제가 위암에 걸릴까 봐 두렵습니다."라고 말했습니다. 그 의사는 두려운 생각을 좀처럼 떨치지 못하더니 자신이 우려한 대로 위암으로 눈을 감고 말았습니다.

누구보다도 암에 대해 잘 아는 의사들이 어떻게 자신의 전문 병에 걸린 것일까요? 한동안 궁금해 하던 중 우연히 그들을 잘 아는 뇌종양 전문의를 만나게 됐습니다. 그는 각각 폐암과 위암의 권위자들에게 닥친 비극에 대해 잘 알고 있었습니다. "저도 한동안 그 생각을 했습니다. 어떻게 그분들이 암에 걸렸을까 하고요. 그런데 의외로 답은 간단했습니다. 항상 그 병만 생각하기 때문에 그 병에 걸린 겁니다."

그의 말에 의하면 의사들은 의외로 자기의 전문 분야의 병에 걸릴 확률이 높다는 것입니다. 연구하고 그리고 수술하고 다시 환자를 대하고, 깨어있는 시간 대부분이 그 병에 대한 생각뿐이니 남보다 병에 걸릴 확률이 높다는 것입니다. 생각이 몸을 지배하니 만병의 근원이 생각에 달렸다고 해도 틀린 말은 아닌 것입니다.

생각은 생각을 낳고 다시 생각이 병을 낳습니다. 상념이 병을 만들 듯 지나친 걱정은 없던 병도 만들게 됩니다. 의사뿐만 아니라 누구나 항상 생각하고 마음에 무언가를 가득 담아두면 항상 탈이 생기게 됩니다. 채워지면 비우고 다시 채워지면 비워야 합니다.

만약 지금 하는 일로 머릿속이 생각으로 가득 차 있다면 '열심히 일한 당신 떠나라'라는 광고처럼 잠시 하던 일을 멈추고 생각에서 벗어나세요. 여행을 가는 것도 좋습니다. 몸에만 단식이 필요한 것이 아니라 생각에도 단식이 필요합니다.

## 사랑하는 사람을
### 산과 바다처럼

흔히 '사랑에 빠진다'라는 표현을 하는 것처럼 어떤 대상을 사랑하게 되는 일은 내 마음의 주인인 나조차도 쉽게 통제할 수 없는 일입니다. 물에 풍덩 빠져들 듯, 사랑에 풍덩 빠지고 난 뒤에야 자신의 마음을 알아차리게 되지요.

어린 시절 홍역처럼 앓았던 첫사랑부터, 남몰래 눈물을 훔치던 짝사랑의 기억들, 또 풋풋한 연애담이나 상처로 얼룩진 이별의 이야기. 여러분에게도 쌉싸름한 사랑의 경험이 있을 것입니다.

이처럼 사랑은 아름답고 반짝거리지만, 이를 품은 사람의 마음은 평안하지 못할 때가 많습니다.

참 이상하지 않습니까?

좋아하는 마음이 커지면 상대방으로부터 공평하게 사랑 받지 못하는 내 모습을 떠올리게 되고, 내 마음처럼 움직여주지 않는 상대방을 원망하기도 합니다. 즉, 상대를 사랑한다는 생각에 몰입할수록 우리는 더 쉽게, 또 많이 상처를 받습니다.

마치 자동차를 그저 교통수단으로 이용하는 사람과 달리 질주본능에 사로잡혀 카레이싱에 빠져든 사람이 사고의 위험에 더 노출되는 것과 같습니다.

"그 사람, 제가 정말 사랑했는데, 어떻게 저를 배신할 수 있죠?"

하지만 정을 주었기에 배신도 당하는 것 아닐까요? 있는 그대로 내버려 두었다면 배신도 당하지 않았을 테니까요. 따라서 누군가를 사랑한다면, 그에게 지나치게 몰입하지 말고, 넘치게 사랑하려 하지 말고 바라보는 사랑을 해보세요.

멀찍이 떨어져 그를 위해 기도하는 마음이 가장 극진한 대접이며 사랑입니다. 사랑하는 이를 마치 산과 바다처럼, 저 멀리 놓인 풍경처럼 바라본다면 언제가 들이닥칠지 모를 이별의 불안에, 연인의 배신에 아파할 이유가 없습니다.

우리가 산과 바다에서 신나게 놀다가 상처를 입더라도 산이나 바다를 원망하지 않는 것처럼, 하필이면 그곳에 간 자신을 책망할 뿐인 것처럼, 사랑하는 대상을 산과 바다처럼 대할 수 있다면 그를 원망할 일도 없습니다.

산처럼, 바다처럼 바라보는 내가 있고, 아름다운 풍경으로 저기 머무르는 사랑이 있으니, 사랑은 언제까지고 지속되며 가장 빛나는 모습으로 당신과 함께 할 것입니다.

## 간이역에서 만난 소년소녀와 같은 인연

요즘의 젊은 친구들에게는 낯선 단어이겠지만 내가 자랄 때만 해도 간이역은 꽤나 낭만적인 공간이었습니다. 하지만 간이역의 특성상 불편도 많았습니다.

간이역은 다른 역들에 비해 이용객이 적고 역장조차 없는 작은 역입니다. 열차의 배차간격도 길고, 설사 열차가 도착한다고 해도 제 시간에 오는 법이 거의 없었습니다. 때문에 누군가에게는 서정과 낭만을 주고, 누군가에게는 불편을 안겨주는 곳이었죠.

학창시절 강원도 상동에 사는 친구를 만나고 간이역에서 서울로 돌아가는 기차를 기다리고 있었습니다. 기다리던 열차는 시간이 되어도 도착하지 않았습니다.

그런데 열차가 더 늦게 왔으면 하는 마음이 생겼습니다. 옆에 아주 예쁜 여학생이 서 있었기 때문입니다. 부끄러워 자세히 보진 못했지만 교복 입은 모습이 참 단정하고 아름다웠습니다.

그 여학생도 기차를 기다리는지 발을 툭툭 차며 수줍게 서있었습니다. 그렇게 덩그러니 소년인 나와 소녀인 여학생이 간이역을 지키고 있었습니다.

'기차야 빨리 오지 마라. 빨리 오지 마.'
마음속으로 그렇게 빌어도 보고, 여학생에게 괜스레 말을 한번 걸어볼까, 어떤 말이 좋을까 머릿속으로는 수십 번도 더 멋지게 말을 거는 내 모습이 그려졌지만, 선뜻 다가설 용기가 나지 않았습니다. 그 시절 소년소녀들처럼 쉽게 여학생에게 말을 걸 수 없었습니다.

큰 결심 끝에 "누구 마중 나오셨나요?" 라고 물어보려는 찰나, 기차가 도착했고, 나는 서둘러 내리는 사람들 속에서 그만 소녀를 놓치고 말았습니다. 소녀와의 인연은 그것이 끝이고 전부였습니다.

참 허탈하지요?
비록 아쉽고, 애틋하고, 아직까지도 그리운 마음이 들지만 생각해보면 그래서 더 아름답다고 여겨집니다.

간이역을 서성이며 설레는 마음 한 조각 나누지 못하고 결국엔 영원히 헤어지고 말았던 이름 모를 소녀와의 인연처럼 우리가 만나는 인연들과의 무게도 크게 다르지 않습니다.

머무를 수 있을 만큼만 머무르고 훌쩍 떠나버릴 수 있는 인연과, 집착하고 구속하며 상대를 속속들이 알아야 하는 인연 중에 어떤 것이 더 아름다운 인연이라 생각하나요?

사랑할수록, 아름답다고 여겨질수록, 더 머무르고 싶을수록, 그렇게 간절할수록 말을 줄이고, 인연은 적게 가지고, 집착을 버려야 그 인연이 더 아름다워집니다.

멈출 줄 아는 것도 인연의 한 부분이라는 것을 깨달아야 합니다.

# 연꽃 만나고 가는 바람 같이

고인을 떠나 보내는 장례 풍습은 겉으로 보기엔 복잡해보여도 잘 살펴보면 하나하나 뜻이 담겨 있습니다.

수의(壽衣)로 시신을 매듭짓는 것은 살면서 지은 과보를 속죄하는 죄인으로서 결박 받는 것이며, 저승길에 필요한 양식을 넣으며 "백 석이오, 천 석이오" 외치는 것은, 힘들게 살아온 날들을 잊고 다음 생에는 부자가 되라는 염원을 담은 의식입니다.

여전히 전통적인 장례 풍습이 이어지고 있지만, 장례식장에서 전문 장례업자들의 손에 맡기는 것이 점점 많아지면서 장례풍속도 바뀌고 있음을 봅니다.

삶을 받아들이는 태도만큼이나 죽음을 대하는 사람들의 태도도 많이 바뀐 것입니다. 하지만 형식은 이렇게 간소화되고, 신속해졌음에도 불구하고 죽음 그 자체를 받아들이는 태도는 여전히 지나치게 엄숙하거나, 슬픔에 잠겨 있는 경우가 많습니다.

물론 죽음을 즐거운 일로 받아들일 수는 없습니다. 사랑하는 사람과 헤어지는 일을 어떻게 웃으며 받아들일 수 있겠습니까?
나 역시 소년시절 겪었던 아버지와의 이별이 한동안 큰 트라우마로 남아 '사람은 왜 죽는가? 왜 내가 사랑하는 사람들과 영원할 수는 없는가?' 라는 화두에 빠져 헤어 나오지 못했으니 말입니다.

그러나 죽음이 곧 삶의 일부이고, 결국 우리의 의식체인 영혼 그 자체로 돌아가는 일이라면, 과도한 슬픔보다는 정성어린 기도로 고인을 떠나 보내지 못할 것도 없겠지요.

가까운 이의 갑작스러운 죽음을 경험한 뒤 충격과 슬픔에 빠져있는 분이 나를 찾아왔습니다. 사고나 질병 등 죽음은 예고도 예정도 없이 찾아와 남겨진 이들을 허무하게 만든다는 것을 나 역시 모르지 않지만, 그런 슬픔들은 고인이 남겨 준 유산이 아니라 나라는 사람의 마음속에서 만들어낸 감정에 불과합니다.

'죽음이 슬프다.'
'헤어짐이 지독하다.'

모든 것은 마음이 만드는 것, 스스로 슬픔의 감옥을 짓고 있는 것입니다.

우리의 삶이 한 송이 고운 꽃이었다면, 죽음은 내년에 다시 피어나기 위한 낙엽이라고 할 수 있습니다. 사는 동안 행복했던 인연이라면 죽음의 순간마저도 함께 나눌 수 있음을 오히려 안도해야 되지 않나요? 숙연한 마음으로 고인과의 이별을 받아들이고 쌓아온 인연의 무게만큼 곧 다음 생에 만나 행복을 나누길 소망해야겠지요.

만약 내가 돌아간 뒤에 누군가 내 영정(影幀) 앞에서 몇 날 며칠을 통곡하고, 수 년을 그리움 속에 헤맨다면, 얼른 관 뚜껑을 열고 나와 그들의 눈물을 일일이 닦아주어야 할지도 모릅니다. 어찌 내가 사랑하는 이들의 눈물을 지켜볼 수 있을까요?

그러니 고인을 정말로 사랑했고 아끼고 또한 그와의 인연이 행복했었다면 더더욱 고인의 영혼이 자유 속에 안착할 수 있도록 담담히, 선선히 그를 놓아주어야 합니다. 삶이 아름다웠다면 죽음이 애석할 이유도 없습니다.

연꽃 만나고 가는 바람 같은 이별. 여러분에게도 죽음이 그와 같은 낭만 속에 피어나길 바랍니다.

## 죽음은 꿈에서 깨어나는 것

누구에게나 죽음은 공평하게 단 한 번 찾아옵니다. 하지만 그 죽음을 받아들이는 태도는 저마다 다릅니다.

갑작스럽게 알게 된 질병으로 앞으로 살 날이 얼마 남지 않았다는 것을 알게 되었을 때, 사람들은 다가오는 죽음을 두려워하며 경계하게 됩니다. 누군가는 좌절과 실의에 빠져서 남은 인생을 낭비하기도 합니다.

그렇다면 우리는 죽음을 두려워해야만 할까요?
지난 30년 동안 죽음을 눈앞에 둔 이들을 위로하고, 또 영혼을 추모하는 구명시식을 해온 내가 겪어온 죽음이란, 우리의 영혼이 육신을 벗어나는 것에 지나지 않은 것이었습니다.

길면 길고 짧으면 짧다고 느껴지는 우리 삶 전체가 사실은 육신 안에 있는 자신의 영혼을 발견하기 위한 시간일 뿐입니다.

죽음은 아직 태어나지 않은 상태요, 탄생은 아직 죽지 않은 상태입니다.

죽음을 끝이라 생각하면 한없이 두렵지만, 찰나의 변화일 뿐이라고 생각하면 두렵지 않습니다.

나무에서 나뭇잎이 지는 것도, 계절이 변화하는 것도, 시시각각 변하는 날씨도, 그 순간은 소멸이라 할 수 있을지 몰라도, 결국에는 다시 돌고 도는 변화 속에서 제자리로 돌아오지 않습니까? 죽음은 바로 그러한 변화입니다. 즉, 변화하는 삶의 연장일 뿐입니다.

어떤 분으로부터 불치병으로 시한부 선고를 받은 조카의 마지막을 지켜달라는 부탁을 받고 서둘러 병원을 찾은 일이 떠오릅니다. 환자는 이미 잠시 뒤 닥쳐올 자신의 죽음을 알고 있는 듯 했습니다. 하지만 갑작스러운 병환으로 환자는 다가올 죽음을 받아들이지 못하며 두려움 속에서 슬퍼했습니다.

나는 가만히 그의 손을 잡았습니다. 그리고 이렇게 그를 위로했습니다.

"아주 나쁜 꿈을 꾸고 있다고 생각하세요."

그 순간, 나의 말을 들은 환자의 얼굴에 미소가 피어났습니다. 얼마 뒤 그는 가족들이 지켜보는 가운데 아주 평온한 얼굴로 눈을 감았습니다.

내가 영능력자이기 때문에 그가 최면에 걸린 듯 평안을 얻은 것이 아닙니다. 내가 그의 손을 잡았을 때, 환자의 영혼과 내 영혼이 서로 교감을 나눴고 죽음이 소멸이 아닌, 한 순간의 변화일 뿐이라는 나의 진심을 그가 받아들였기 때문입니다.

죽음은 변화의 마디입니다.
마지막 순간까지도 육신 안의 영혼을 보지 않은 채 그저 육신의 죽어감만을 두려워한다면 우리는 살아도 시신을 안고 사는 것과 다름이 없습니다.

죽음 앞에서 초연해지는 것이야 말로 그토록 두려워하던 죽음을 영원불멸의 삶으로 바꾸어 놓는 일입니다.
제철에 어여쁘게 피어났다가 다시 지는 꽃처럼, 계절이 돌아오면 다시 그 자리에 꽃이 피어날 것을 아는 것처럼, 삶과 죽음은 모두 같고, 우리는 그저 쉴 새 없이 변화할 따름입니다.

## 덜 가진 것에 대한 만족

어느 날 이름만 대면 알만한 중견기업의 CEO가 찾아와 내게 푸념을 하기 시작했습니다.

말끔한 차림새에 운전기사까지 동반하고 온 그는 누가 보아도 잘나가는 회장님이라는 것을 알 수 있었습니다. 하지만 어찌된 일인지 얼굴에는 수심이 가득 차 있었습니다. 이야기를 들어보니 최근에 주식 투자를 했다가 큰 손해를 보았다고 했습니다.

"대체 얼마나 손해를 보셨습니까?"

넌지시 그의 사정을 물었는데, 돌아온 대답을 듣는 순간 나도 모르게 그만 실소를 터뜨렸습니다.

그가 손해를 보았다고 말하는 돈은 그의 재산의 100분의 1에도 미치지 않는 금액이었습니다. 돈의 값어치는 상대적이라 누구에게는 평생 만져보지 못할 큰 금액일 수도 있겠지만, 적어도 그 자산가에게는 번뇌에 빠져 허우적댈 만큼은 아니었습니다.

사람들은 무엇이든 그저 많이 가지고 있으면 행복할 거라고 생각합니다. 하지만 그것은 착각입니다. 가진 재산이 수백 억이어도 잃어버린 돈 몇 푼 때문에 번뇌에 빠지는 것이 사람의 마음입니다. 그것은 잃어버린 것에 연연하기 때문입니다. 말하자면 많이 가졌기 때문에 불행해지는 것이나 다름없는 것입니다.

그에 비하면 노숙인들의 삶은 우리가 생각하는 것만큼 가진 것에 대한 고민이 적습니다. 집도 절도 없는 그들의 삶이 연민의 대상일지 모르나, 가진 것이 없기에 잃어버릴 걱정도 그만큼 하지 않습니다. 어느 노숙인은 한 가지라도 더 가지게 되는 순간 걱정도 커진다고 합니다.

마음을 내려놓고 사는 노숙인의 삶보다, 많은 재산 중 조금을 잃어버리고 그것 때문에 전전긍긍하는 기업인의 삶이 더 행복하다고 말할 수 없습니다. 가졌기 때문에 행복하기 보다는 만족하기 때문에 행복할 수 있습니다.

절대적 가난이 절대적 부(富)보다 행복하다는 논리를 펼치는 것이 아닙니다. 만족의 기준을 어디에 두느냐에 따라 행복도 결정된다는 말입니다. 가지지 못한 삶이라고 해서 반드시 불행하지 않으며, 많이 가졌다고 해서 반드시 가진 만큼 행복한 것도 아니라는 사실을 알아야 한다는 것입니다.

때로는 덜 가진 삶이, 더 가진 삶보다 행복할 수 있습니다. 즉, 행복과 불행은 가진 것이 많고 적음에서 시작되지 않습니다. 비록 덜 가진 삶이라 해도 불행하지 않을 수 있으니 이는 이미 많이 가진 삶과 크게 다르지 않습니다.

필요하지 않는 것은 작은 것 하나라도 가질 필요가 없습니다. 그리고 필요한 것은 곧 만족입니다.

가진 것에 만족하는 삶이 축복입니다.
마음을 비웠으니 행복하므로 삶이 그 자체로 충만할 것입니다.

## 인생은 공수래공수거가 아니다

 흔히 '깨달음' 이라고 하면, 마음을 훤히 꿰뚫어 본다거나, 산은 산이요, 물은 물이요 하며 우리의 미망(迷妄)을 단숨에 깨는 능력 같은 것과 통한다고 생각하지만, 사실 우리가 깨닫는다는 것은 한 생각의 차이에 불과합니다.

 이른바 깨친 자는 짐을 두고 가지만, 깨치지 못한 자는 짐을 지고 간다는 말이 그렇습니다.

 하루 하루를 산다는 것은 업장(業障)을 두텁게 하는 과정입니다.
 흔히 인생은 공수래공수거(空手來空手去)라고 합니다. 하지만 인간이 짓는 업을 생각한다면 그렇지가 않습니다. 보통사람들은 살면서 오히려 업장을 더 지음으로써, 전생보다도 현생에서 더 많은 짐을 집니다. 공수래공수거가 되지 못하고 오히려 더 많은 짐을 지고 가는 것이지요. 인생은 절대 공수래공수거가 아닙니다.

하지만 깨달은 사람은 한 짐이라도 두고 가려 합니다. 고해, 번민을 그때 그때 떨쳐 버리고 삽니다. 선각자들은 짐을 내려두라 말하지만 그렇게 하기가 결코 쉽지가 않습니다.

우리는 오늘 또 얼마나 많은 짐들을 지었나요? 떨쳐버린 짐은 또 얼마나 되나요?

공수(空手)는 아니더라도 이제까지의 업이라도 조금 감(減)할 수 있어야 합니다. 그래야 다음 생에는 좀더 가벼운 짐을 가지고 태어날 수 있을 겁니다.

## 영혼이 트인 사람은 '지금, 여기'에 사는 사람

깨달은 이에겐 과거도 없고, 미래도 없이 오직 이 '순간'만이 존재합니다. 언제나 현재에 있습니다.

그렇기 때문에 죽음과 생이 서로 다르지 않으며, 과거에도, 미래에도 얽매여 있지 않습니다.

반대로 깨닫지 못한 사람들은 수평적 사고를 합니다. 이들의 의식은 과거에도 있고, 현재에도 있고, 미래에도 있습니다. 즉, 현재 이 순간에 녹아 있는 과거, 미래의 실상은 보지 못하면서 과거에 연연하고, 다가오지도 않은 미래를 두려워합니다. 늘 긴장 속에 사는 것이죠.

시간의 삼라만상 속에 자신을 가두어 놓고, 그 번민에서 벗어나

질 못하는 수평에 갇혀 있는 것입니다.

깨달은 사람은 '지금, 여기'에 살고 있습니다.

현재를 즐기는 사람은 과거와 미래를 걱정하지 않습니다. 오직 이 순간이 존재 할 뿐, 미래도 이 순간에 따라 달라진다는 사실을 알고 있기 때문입니다.

우리가 깨달은 사람은 아닐지라도 현재에 충실해야 합니다.
지금 이 순간 나 자신에게 집중하십시오.
인생은 오직 이 순간에 달려 있습니다.

## 세상은 영혼의 거울

자기 허물은 보지 못하면서 남의 허물을 들추며 거침없이 말을 뱉는 사람들이 있습니다.

지적과 비난에 앞장서며 서슴없이 날 선 이야기를 하는 사람들. 그들은 듣는 이의 상처 같은 건 별로 생각하지 않습니다. 심지어 남의 허물을 들추면서도 그것을 재미로 여기는 사람들도 있습니다. 하지만 과연 내가 내뱉은 말들이 그대로 허공에 흩어지는 우스갯소리에 지나지 않을까요?

애석하게도 그렇지 않습니다. 우리가 사소하게 내뱉는 말 한마디가 결국은 나에게 돌아옵니다.

금지타사(今之他事)가 후지아사(後之我事). 타인에게 닥친 일은 곧 나에게도 닥칠 수 있는 일입니다. 과연 나라고 해서 다를 수 있는지, 우리들 중 누구도 확신할 수 없습니다. 그것이 누군가의 허물을 함부로 쉽게 들출 수 없는 이유입니다.

세상은 나의 거울입니다.

모든 사람, 모든 만물이 나를 비추고 있는 거울이라고 생각한다면 함부로 허물을 지적하고, 떠벌릴 수 없습니다. 남의 허물을 들추는 이는 결국 자신의 허물을 보고 있는 것입니다. 결국 거울 속에서 무엇을 보고, 무엇을 느끼며, 그것을 어떻게 말하느냐에 따라 내 행복과 불행이 결정됩니다.

거울 속 허물을 보고 흉을 볼 것인지, 아니면 본 받을 만한 점을 보고 칭찬할 것인지는 모두 나의 몫입니다. 그리고 그것은 업으로 돌아옵니다. 거울은 그냥 모든 것을 되 비추어줄 뿐입니다.

들여다보고 있는 거울 속에 허물이 보인다면 그저 웃어넘겨 보세요.

# 먼저 다가가는 아내의 사랑

부인들은 종종 자신의 남편 때문에 답답하다고 하소연을 합니다. 이 말에 아마 공감하는 분들이 많이 있을 겁니다. 나는 그녀들의 하소연을 들으면 이렇게 이야기합니다.

"먼저 주십시오. 항상 주십시오. 빈 곳에 더 주십시오."

사실 내게 잘하고 있는 사람에게 나 역시 잘하기는 그리 어렵지 않습니다. 그러나 내게 지금 매몰찬 사람, 잘해주지 않는 사람에게 내가 먼저 다가가는 것은 쉬운 일이 아닙니다. 따라서 내게 애정이 없는 사람, 내 손길이 먼저 닿아야 비로소 손을 내미는 사람에게 '먼저, 항상, 빈 곳'에 더 줄 때 그 애정과 사랑이 한 차원 다른 깊이에 놓일 수 있습니다.

나를 알아봐주지 않아도 내가 먼저 다가가 손을 내밀 수 있다면 그것은 숭고하다고 말할 수 있습니다. 그것을 마음으로 해낼 수 있다면 '온전한 나'로 우리의 영혼은 한 단계 진화될 수 있습니다.

온전한 나(我)는 돌려받기를 기대하지 않고, 또 주는 것에 연연하지 않는 사람입니다. 누가 알아주지 않아도 기꺼이 베풀고 먼저 다가가는 사람입니다.

남편은 한 가정의 가장입니다. 가장을 가장으로 대접할 때 가족 모두가 행복합니다. 남편을 돈 버는 기계처럼 생각하고, 존중 받는 아버지로 대해주지 않으면서 부인이 어떻게 행복할 수 있을까요?
그런 부인은 행복한 아내, 지혜로운 아내로서 살아갈 수 있는 기회와 지위를 스스로 버린 것과 같습니다.

그러니 먼저 어머니 같은 부인, 누나 같은 부인, 친구 같은 부인이 되어서 남편을 바라보십시오. 그런 마음으로 남편을 사랑할 수 있다면, 그에게 알아달라고 하소연하지 않더라도 스스로 떳떳하고, 아름다운 자신의 영혼을 마주할 수 있습니다.

어머니로서 자녀에게 베푸는 마음의 10분의 1만큼만 배우자를 위해 쓰십시오. 남편을 먼저 섬기고 기꺼이 사랑하며 스스로 행복한 아내가 되십시오.

## 자식을 귀한 손님 대하듯

내리사랑이라는 말처럼 부모의 자식 사랑은 자연스러운 감정입니다. 시대를 불문하고 누구나 부모가 되면 자녀를 사랑합니다. 예전에는 아이가 많아도 먹을 것이 풍족하지 않아도 스스로 잘 자랐습니다. 하지만 요즘은 아이를 하나 둘만 낳으니 아이에 대한 사랑이 지나쳐 문제가 됩니다. 그래도 사랑은 변함이 없습니다.

매년 겨울 수능시험일이 되면 전국 각지에서 모여든 어머니들이 칼 바람 속에 서서 자신의 자녀를 응원합니다. 아이가 시험을 잘 치길 바라며 온 몸을 던져 기도를 합니다. 누군가를 위해 기도하는 어머니들의 마음은 정말이지 숭고하기만 합니다.

그러나 사람의 마음은 쉽게 얄팍해지기 마련이라, 숭고함은 금세 집착이 되고, 집착은 고통이 되어 부모를 병들게 하기도 합니다. 그저 자녀를 사랑만 하면 될 것 같았던 부모의 마음은 어느새 자녀가 자신의 뜻대로 되지 않는다고 화를 내고, 자녀가 생각하고 행동하는 모든 것이 자신의 보호 아래에 있어야 한다며 간섭을 일삼습니다. 그런 부모들은 그것이 자녀를 아끼고 사랑하는 방식이라고 생각합니다. 때로는 부모의 대리만족이 사랑이라고 착각을 합니다.

"내가 너를 어떻게 키웠는데! 내가 너를 얼마나 사랑했는데!"

부모의 사랑은 숭고하지만, 그 사랑이 자녀에게 베풀고 있는 호의는 아닙니다. 자녀에 대한 사랑은 전생에 지은 업을 갚아나가는 것입니다. 빚을 갚으면서 대가를 바래서는 안 됩니다. 그래서는 업이 결코 사라지지 않습니다. 그 빚을 갚기는커녕 오히려 빚을 더 키우는 행동을 부모 스스로가 하지는 않는지 깨달아야 합니다.

꽃은 피어도 소리가 나지 않고
새는 울어도 눈물이 보이지 않고
사랑은 뜨거워도 연기가 나지 않습니다.

자녀가 빚을 갚는 채권자이기도 하지만 귀한 손님이라고 생각하면 어떨까요? 마음으로 대접 잘하고 사소한 보답에는 감사하며, 잘 지내다 때가 되면 떠나는 그런 손님 말입니다.

그 어떤 사랑도 생색내려 하지는 않습니다. 그저 은근히 바라보고 지켜주는 것이지요. 겉으로 표하는 것은 바라는 바가 있으니 진실하다고 할 수 없습니다.

자녀의 사랑에 집착하지 마십시오.
손님을 붙잡아 두려 하지 마십시오.
그저 귀한 손님이 집에 머무는 동안 마음으로 마음껏 사랑해주시길 바랍니다.

## 인연의 아름다움을 간직하려면

처음 만났을 때의 마음을 간직하면 좋은 인연이 됩니다.

처음이라는 수식어가 붙은 모든 기억과 마음가짐이 아름다운 것처럼 인연에도 그 '처음'의 아름답고 조심스러웠던 수줍음을 유지할 수 있다면 함부로 상처 주거나 상처 받는 일은 없을 겁니다. 생각해보면 인연의 시작은 베풂이라고 할 수 있습니다.

처음에는 그것이 인연인 줄 알지 못합니다. 인과의 시간이 지나야 '아! 그런 인연이 있었구나' 하고 알게 됩니다. 악연도 마찬가지입니다.

이처럼 인연은 흘러갑니다. 정체하려는 인연은 추해집니다. 인연은 물처럼 흘러갈 때 아름답습니다. 설령 누군가와 안 좋게 헤어졌더라도, 인연을 탓하지 말고 그저 인과의 법칙으로 만날 수 밖에 없었던 인연이라 생각하고 흘려 보내세요. 그 악연 또한 처음에는 좋은 마음에서 시작했기에 원망이나 미움도 있는 것입니다

　오며 가며 만난 나그네들처럼 알려고 하지 않고, 집착하려 하지 않으면 세상 모든 것이 인연입니다. 바다에 가면 어부처럼, 산에 가면 나무꾼처럼, 들에 가면 농사꾼처럼 어울리며 사는 인생이 아름답습니다.

# 정을 초월한 '정'

아내를 병으로 떠나 보내고 나를 찾아왔던 한 중년 남성의 이야기를 해볼까 합니다.

그는 대기업 임원으로 나름 안정적인 가정을 일궈낸 평범한 가장이었습니다. 슬하에는 장성해 건실히 살아가는 아들이 하나 있었습니다.

어느 날 갑자기 아내가 병을 얻었고, 가족과 헤어지기에는 아직 이른 나이였지만 애석하게도 아내는 곧 세상을 떠나고 말았습니다. 그 상심이 너무도 컸던지 그는 방에 갇혀 괴로워하며 지내다 결국 나를 찾아왔습니다.

아내를 잃었다는 상심 못지않게 그를 괴롭혔던 것은 하나뿐인 아들에 대한 원망이었습니다. 아들이 항암치료를 중지시키고 아내를 병원에서 퇴원 시킨 후 집에서 요양을 하도록 조치한 것이 못내 서운하다며 하소연했습니다.

그의 아내는 중한 병이라 사실 병원에 더 있는다고 해도 회복될 가능성은 없었습니다. 남편도 그 사실을 알고는 있었지만, 그래도 아들의 결정이 못내 서운한 것은 어쩔 수 없었다고 했습니다.

과연 아버지의 생각처럼 아들은 정말 매몰찬 냉혈한이었을까요?

아들은 상심에 빠져 감정에만 치우쳐 있는 아버지를 대신해 단호한 결정을 해야만 했습니다. 아들은 언제까지나 어머니를 고통 속에 방치할 수 없었습니다. 어머니가 병원에 계속 있으면 얼마간 목숨은 연장할 수 있겠지만 돌아가시는 순간까지 독한 치료제에 시달리며 고통 속에 지낼 것이 뻔했기 때문입니다.

아들은 생각했습니다.
'어머니에게 고통스러운 시간이 아닌 행복한 기억을 선물하자.'

결심이 선 아들은 아버지의 반대를 무릅쓰고 어머니를 퇴원시켰습니다. 그리고 마치 어머니가 어린 자신을 돌보았던 지난 과거를

복기하듯 어머니를 살뜰히 보살폈습니다.

　어린 아들의 손을 잡고 유원지를 놀러 갔던 어머니의 모습이 떠오를 때면 병약해진 어머니의 손을 잡고 가족의 추억이 어려 있는 장소를 찾아 어머니를 기쁘게 해드렸습니다. 어머니의 마지막 기억을 행복한 가정, 사랑 받았던 아내, 존경 받았던 어머니로 장식하기 위해 아들은 하루도 쉬지 않고 어머니를 간호하고 즐겁게 해드렸습니다.

　아버지의 원망을 들었던 아들의 결정은 사실 어머니에 대한 아버지의 열렬한 사랑만큼이나 깊고 큰 효심이었습니다.

　사랑은 눈에 보이는 것만으로는 이야기할 수 없습니다. 눈앞에 보이는 것보다 그 안에 담긴 마음이 더 중요하기 때문입니다.
　많은 정을 준다고 반드시 좋다고만은 볼 수 없습니다. 넘치는 정 때문에 오히려 문제가 생길 수도 있습니다. 때로는 정을 초월한 몰인정의 자세가 인연을 좀 더 좋게 매듭짓는 방법일 수 있습니다.

　겉으로 보기엔 한없이 몰인정해 보이는 사랑일지라도 그 안에는 악연도 좋은 인연으로 돌려놓을 수 있는 정을 초월한 몰인정의 힘이 존재한다는 것을 이제는 그 아버지께서 알았으면 합니다.

## 화를 웃음으로 바꾸기

나는 지인들에게 사람을 미워하지 말 것을 권유합니다. 가슴속에 증오와 분노를 품지 않는 것이야말로 탁함을 맑게 하는 기초일 것입니다.

그렇지만 이는 화 조차 내지 말라는 것은 아닙니다. 사람이 화를 내지 않는다면 그것은 멋진 건물을 지어놓고 화장실을 만들지 않는 것과 같습니다. 화장실이 없으면 어디에서 볼일을 볼까요? 다급한 사정을 어디서 해결해야 할까요?

그럼에도 불구하고 종교의 많은 가르침들이 우리에게 화를 내지 말라고 강조합니다. 시원하게 화를 내라고 말하는 종교인은 흔치 않습니다. 그저 참으라고 말합니다. 그러나 이것은 마치 우리들에게 화장실에 가지 말라고 권유하는 것과 같습니다.

배운 대로, 누군가의 규범대로 행동하느라 자신의 감정을 죽이거나 삭히는 행동은 또 다른 업을 짓는 일입니다. 마음 밑바닥에 가라앉힌다고 해서 그 감정이 영원히 사라지는 게 아닙니다. 게다가 이런 강박적 사고방식은 '화'라는 감정에 오히려 집착하게 만들기도 합니다.

선원에 오는 분들은 가끔 화를 내다가 금방 웃는 내 모습을 보고 의아해 하는 분들이 있습니다. 어떻게 금방 감정이 변하는지 궁금하답니다.

화를 내면 그 공간이 비고, 그 공간에 웃음으로 채워 넣습니다. 물론 이렇게 할 수 있게 되기까지는 많은 시간이 필요했지요. 어렵기는 하지만 여러분도 가능합니다.

화가 날 때엔 화를 내야 합니다. 화를 내되 감정의 찌꺼기가 남지 않아야 합니다. 그래야 상대방도 털어낼 수 있습니다. 화를 낼 때는 마치 벼락이 치는 것처럼 화를 내십시오. 시원하게 내리꽂는 벼락처럼 화를 낸 다음엔 그 뒤로 남겨둔 감정이 없게 하십시오.

나는 마음을 비우라고 말을 합니다. 화 내는 것 또한 마음을 비우는 행동입니다. 벼락처럼 화를 내며 감정을 털어버린다면 그것이야말로 일상속에서 실천할 수 있는 마음 정화의 길이 아닐까요?

## 지식은 커다란 환상

 영혼의 세계에 대해서 자신이 배운 학문이나 지식만으로 판단하고 해석하는 일은 몹시 경계해야 합니다. 우리가 아는 것은 극히 일부분이기 때문입니다.

 특히 이론과 논리에 집착하는 이들이 영혼세계에 대해 접근할 때에 주의해야 합니다. 자신과 다른 의견을 무시하거나 섣부른 비판은 제대로 안다고 할 수 없습니다. 또 현상을 분석적으로만 접근한다면 영혼세계를 받아들이는 데에 큰 어려움이 따릅니다.

 하지만 지식이 많지는 않지만 마음이 깨끗하게 비워진 사람들은 모든 일들을 다소곳이 수긍하는 경향이 강합니다. 그런 사람들은 구명시식의 결과도 무척 좋게 나타납니다. 마음을 비우고 수용하는 자세로 귀 기울이기 때문에 영혼과의 접촉이나 교류도 잘 이루어집니다.

다시 말하자면 영혼과의 소통은 어설픈 지식으로 오염되지 않은, 순수한 마음이 있기 때문에 가능합니다.

영혼이라는 형이상학적 사실을 받아들일 때에는 무엇보다 '빈 그릇'이 유리합니다. 이미 차 있는 그릇에 또 다른 물건을 담을 수는 없습니다.

또한 지식은 지혜를 이루기 위한 바탕이 되어야지, 그 자체가 되어서는 안 됩니다. 그저 공부를 한다고 해서 지식만으로 완성되는 것은 없습니다. 지식이 들려주는 깊이를 깨달음을 통해 지혜에 접근할 수 있어야 진정으로 아는 것입니다.

영혼의 세계는 현실의 잣대로 잴 때 형이상학적 현상계입니다. '받아들이는 빈 마음' 없이는 한낱 허황된 소설 속의 풍경에 지나지 않겠지요. 따라서 영혼의 세계에 대해 알고 있는 지식을 동원해 미리 판단하고 계산한다면, 자칫 엉뚱한 결과를 초래할 수도 있습니다.

보인다고 하면 보지 못한 것이고
들린다고 하면 듣지 못한 것이며
안다고 하면 알지 못하는 것입니다.

어둠 속에서 머나먼 별이 보이고, 눈을 감아야 더 큰 세상이 보이니, 영혼의 세계에 대한 하찮은 지식은 곧 독약이 된다는 것을 명심하십시오.

*Life with Soul*

마음을 닦아 영혼을 마주한 당신은 마음의 진짜 주인입니다. 그리고 새롭고도 넓은 영혼의 세계를 만날 준비를 마치게 됩니다. 하지만 티끌 하나 없이 닦아낸 유리창이라 할지라도 여전히 안과 밖이 나뉘어져 있지요. 안과 밖을 넘어서야 우리는 영혼의 세계와 진정 만나게 되고, 당신은 진정 "주인공"이 될 것입니다.
3장에서는 그 길을 안내합니다.

영혼을 일깨우는 변화의 힘

# 깨움

## 숙명보다 중요한 영혼

　우리의 인생은 영혼의 성적표입니다.
　생각과 말, 쌓아온 덕을 반영해 영혼이 영글고 성숙해지는 것이지요. 하지만 그와 같은 연유 때문에 자칫하면 숙명론(宿命論)에 붙잡힌 운명론자가 될 위험도 있습니다.

　분명하게 말하지만 운명(運命)과 숙명(宿命)은 존재합니다. 아무리 벗어나고 싶다고 한들 아버지와 일찍 이별해야 했던 나의 운명이 달라지지 않았던 것처럼, 오랜 시간 아버지와 나 사이에 얽혀 있던 숙명은 생을 거듭하며 나에게 이별과 슬픔을 넘어 그것을 극복해야 하는 깨달음의 숙제로 반복되었습니다.

　그러나 이는 피할 수 없는 사고(事故)와 같습니다. 부정하고 싶고, 당장 벗어나고 싶은 운명이라고 하더라도 나를 향해 다가오고 있는 사고를 결코 피할 수 없는 것처럼 단시간에 운명에서 벗어나기란 쉽지 않습니다.

분명 인간은 정해진 숙명을 영혼 위에 새기고 태어나지만, 마찬가지로 현재의 삶을 어떻게 살아가느냐에 따라 새로운 숙명을 만들어가게 됩니다. 말하자면 과거의 성적표를 가지고 현재를 살아가고, 또한 현재의 마음가짐에 따라 미래의 성적표를 만들고 있는 것입니다.

'저는 성공하고 싶습니다. 어떻게 하면 성공할 수 있죠?'
이렇게 내게 묻는 분들이 많지만 나는 아무런 대답도 해줄 수 없습니다. 그가 살아온 행적이 어떠한지에 따라, 또 오늘부터 닦아나가는 그의 삶이 어떠한지에 따라 미래에 성공과 실패가 결정되기 때문입니다.

지나친 엄숙주의에 빠져 운명론자가 되는 일을 경계하되, 우리가 운명을 바꿀 수 있는 현재를 살아가고 있다는 것을 반드시 기억해야 합니다.

무릇 영혼은 자율과 낭만 속에 두고, 도무지 어쩔 수 없는 생의 업보를 마주할 때에는 과거의 내가 만들어낸 운명이자 숙제가 있다는 것을 알면 그것으로 충분합니다.

'내가 나를 만들었구나.'
'또한 내가 나를 만들어가고 있구나.'

이 두 문장 속의 '나'를 깨달을 수 있다면, 영혼을 이미 깨쳤다고 해도 과언이 아닐 것입니다.

## 인생의 주인이 되어

많은 분들이 인생을 치열하고 열정적으로 살아가는 것 같습니다. 경기가 어려울수록 돈 쓸 곳이 많아져 낮에도 일하고 퇴근 후에도 투 잡(job)을 뛰며 열심히 살아가는 사람들도 있습니다.

하루 일이 끝나고 몸과 마음이 지치면 다른 생각이 없습니다. 그저 쉬고 싶을 뿐입니다. 돈이 돈처럼 여겨지지 않습니다. 돈 때문에 일을 하니 어떤 사람은 돈이 웬수라고까지 말합니다. 인생에서 돈이 목적이 되는 순간 우리는 돈에서 자유로울 수가 없습니다.

돈은 언제 필요한가요?
노후에 여행을 다니기 위해 돈을 모은다고 말하셨던 분을 얼마 전에 길에서 만났습니다. 요즘 여행 잘 다니냐고 물으니, 돈은 있는

데 무릎이 안 좋아 나가기가 힘들다고 합니다.

나를 위해 쓸 때 자기 돈이라 할 수 있습니다. 쓰고 싶을 때 쓰지 못하면 그 돈은 내 돈이 아닙니다. 세월이 지나면 자식 돈이 될 뿐이죠.

그 분은 현재가 왜 중요한지 알지 못했습니다. 자신의 인생임에도 자기 자리가 없는 삶을 살고 있는 건 아닌지 궁금했습니다.

어떤 심리학자가 길을 걷다가 공사판에서 흥미로운 광경을 목격하게 됐습니다. 공사판에서 자재를 나르는 바퀴가 두 개 달린 수레를 끌고 가는 인부의 모습에 심리학자는 발걸음을 멈추고 그의 행동을 지켜봤습니다.

다른 인부들은 수레를 쳐다보면서 즉, 수레의 손잡이를 잡은 상태로 밀고 가는데, 단 한 사람은 수레를 등지고 끌고 가는 겁니다. 특별하다고는 할 수 없지만 남들과는 다른 그 행동이 궁금했던 심리학자는 그에게 말을 걸었습니다.

"다른 사람들은 모두 수레를 밀고 가는데, 어째서 당신은 수레를 끌고 갑니까?"

그러자 인부는 별 시답지 않은 걸 묻는다는 표정으로 퉁명스럽게 대답했습니다.

"하도 밀고 다녀서 이제는 꼴 보기 싫어서 그래요."

꼴 보기 싫다는 한 마디 말에 심리학자는 인간 심리의 큰 차이점을 발견했습니다.

수레를 밀고 가는 사람의 인생이 평생 짐이 가득한 수레를 보면서 사는 것과 같다면, 수레를 끌고 가는 사람은 하늘도 보고, 땅도 보고, 오며 가며 이런저런 세상을 볼 수 있는 삶을 사는 것이라 할 수 있습니다. 똑같은 짐을 지고도 누구는 그 짐만 보며 살아가지만, 누구는 세상 밖으로 시선을 돌리고 살아가는 것이지요.

우리가 사는 인생에도 수레와 그 위에 얹어진 수많은 짐이 존재합니다. 인생의 모든 열정을 자식에게 투자하는 사람, 돈에 얽매여 사는 사람, 한탕주의에 빠져 대박을 쫓는 사람, 애정을 구걸하며 사랑만 찾아 다니는 사람. 이들은 모두 수레 위의 짐만 쳐다보는 인부와 크게 다르지 않습니다.

돈 한 푼에도 계산기를 두드리는 유태인들도 저녁만큼은 만찬을 즐기며 삶의 여유와 만족을 누리려고 노력합니다. 즉, 자신이 열심히 사는 이유가 그런 만찬을 즐기기 위함이었다는 것을 잊지 않으려고 하는 것이지요.

그런데 우리는 어떻습니까? 좋은 사람들과 여유 있고 즐거운 식사를 얼마나 자주 했던가요? 식사가 행복한 삶을 느끼기 위함 보다는 그저 다시 일하기 위해 허겁지겁 한끼를 해결하려 했던 적은 없었나요?

우리가 열심히 일하고, 돈을 벌고, 성공하는 이유가 결국은 나 자신의 만족을 위함입니다. 나를 위한 삶은 어디에도 없이 그저 수레의 짐만 생각하는 인부의 삶처럼 매여 살고 있진 않습니까? 내가 없는 인생을 살아가는데, 과연 나를 찾고 내가 어떤 사람인지 깨달을 기회가 올 수 있을까요?

내 인생은 내가 주인공이 되어야 합니다. 내 마음과 인생의 주인이 되어 끌려 가는 인생이 아닌 스스로가 만드는 인생이 되길 바랍니다.

# 마음은 당신의 복 밭

새해가 되면 "새해 복 많이 받으세요"라며 서로 덕담을 건넵니다. 하지만 나는 "새해 복을 많이 지으세요"라고 말하곤 합니다.

중국음식점에 가면 문 유리창이나 벽에 큰 글자 하나가 있습니다. '복(福)'자입니다. 그런데 그 글자는 거꾸로 되어 있습니다. 처음 보는 사람은 이상하다고 생각할 수 있지만, 그 이유는 복이 내려오라는 의미가 있습니다.

복이 내려오려면 먼저 쌓아 놓아야 합니다. 은행 예금처럼 모아 둔 것이 있어야 합니다. 저축한 것이 없으면 찾을 것도 없듯이 복도 인출해 쓸 수 없습니다. 복을 받으려면 복을 먼저 지어야 합니다.

복과 관련된 이야기를 하나 하겠습니다.

젊은 시절의 일입니다. 길을 가다가 우연히 혼이 빠진듯한 얼굴로 길을 헤매는 남자를 발견했습니다. 그는 분명 정신이상자로는 보이지 않았으나 무슨 일인지 정신을 못 차리고 길을 서성거리고 있었습니다. 나는 그에게 다가갔습니다. 마침 내 수중에 나라에서 유가족들에게 주는 꽤 많은 액수의 돈이 있어 그의 손에 쥐어 주었습니다. 그리고 나는 아무 말 없이 뒤돌아서 집에 돌아왔습니다.

그리고 몇 달 뒤 그 남자가 학교로 나를 찾아왔습니다. 말끔한 차림에 두 손 가득 짐을 들고 있었습니다.

"고맙습니다. 저는 전라도에 시골마을에서 옹기를 만드는 사람인데 그날 서울에서 옹기를 모두 팔고 집에 돌아가려는 중, 그 돈을 모두 소매치기 당했습니다. 서울에는 아는 사람 하나 없는 제가 어떻게 해야 할지 막막해 하늘이 무너지는 것 같았는데, 학생이 내게 빌려준 돈으로 집에 돌아갈 수 있었습니다. 정말 감사합니다."

그는 이렇게 말하곤 두 손 가득히 준비해 온 음식을 내게 건네주었습니다. 그리고 자신의 어머니가 평생 나의 안녕과 복을 위해 빌어줄 것이라며 감사의 인사를 하였습니다.

어떤 대가를 바라고 한 행동은 아니었지만, 그 일로 인해 누군가 나를 위해 복을 빌어 준다는 사실이 잊혀지지 않습니다.

베푼 마음은 반드시 복이 되어 돌아옵니다. 쌓아놓은 것이 있기에 복을 받는 것입니다. 지금부터라도 열심히 복을 지어야 나중에 돌아올 것이 있습니다.

그렇다고 해서 반드시 물질적인 덕을 베푸는 것이 복을 짓는 거라 생각하지 마십시오. 힘들어 하는 이웃에 다정한 말 한마디, 그리고 웃음으로 격려해 주는 것. 또 내 부모에게 따뜻한 전화 한 통 건네며 감사의 인사를 하는 것 또한 큰 덕이고 복 짓는 일입니다.

한 생각, 한 행동으로 짓는 덕이 큽니다.
마음이 당신이 지을 인생의 복 밭입니다.

## 지금 만나는 사람을 마지막 사람처럼

우리는 수많은 사람과 관계를 맺고 그들과 추억을 공유하며 살아갑니다. 좋은 사람을 만나고, 좋은 인연을 맺고, 영혼을 서로 교감하게 된다면 더할 나위 없는 삶일 것입니다.

하지만 우리는 종종 그 인연의 소중함을 망각하는 실수를 저지릅니다. 지나고 나서야 후회를 합니다. 한 치 앞도 모를 인생이건만, 인연을 흘려 보내고 후회하며 살아가는 것이지요.

가족은 늘 나와 함께 있으니까 나중에 잘해주지 뭐.
친구들은 언제나 날 이해하니까 나중에 미안하다고 하지 뭐.
애인은 날 좋아하니까 내가 뭐라 해도 이해하겠지?
이런 저런 이유를 들어 어쩌면 한 번뿐일 수도 있는 소중한 인연들을 아끼지 못합니다.

하지만 만약 내 앞에 있는 사람이 마지막으로 만나는 사람이라면 이런 말을 할 수 있을까요? 시시콜콜 시비나 다투면서 시간을 낭비할 수는 없을 것입니다. 아마 헤어짐을 아쉬워하며 함께 있는 동안 후회 없도록 최선을 다할 것입니다.

임종을 앞둔 사람들에게 무엇이 가장 후회스러운지 물었습니다. 사람들 대답 중 열에 아홉은 가족들과 충분히 시간을 보내지 못한 것을 후회했습니다. 이렇게 빨리 이별할 줄 알았다면, 사랑하는 가족들과 여행도 많이 다니고 추억도 만들며 보냈어야 했다며 아쉬워합니다.

영원히 함께 할 것 같았던 가족들이기에 오히려 더 함께 시간을 보내지 못했던 것이겠지요.

지금 옆에 있는 그 사람에게 최선을 다하세요. 나와 마주한 이가 내 마지막을 함께 하는 사람이라는 생각으로 말입니다.

## 나의 하늘과 땅

혹 자신의 뿌리를 생각해 본 적이 있나요? 그런 의미에서 부모님에게 효도하는 일은 나의 뿌리를 살펴볼 수 있다는 점에서 근본적으로 '자아 찾기'의 한 방법이라고 할 수 있습니다.

하지만 언제부터인지 효를 부담스럽게 생각하는 이들이 많아졌습니다. 제사를 지내지 않으려고 가족들간에 다툼이 일어나거나, 부모님을 찾아 뵙는 일을 번거로운 일처럼 여기는 사람들이 많아진 것을 보면 참으로 안타깝습니다. 효는 그 형식보다는 마음이 삶에 있어 중요한 역할을 합니다.

제사나 명절에 힘들게 차를 타고 몇 시간을 보내면서도 불평하지 않고 가족들이 모입니다. 그렇게 웃으며 모인 가족들이 함께 조상을 추모하는 시간은 가족 구성원간의 협동심과 가족애를 느낄 수 있습니다. 가족이 모두 하나라는 인식을 갖게 해 줍니다.

뿐만 아니라 경건한 마음으로 돌아가신 조상에 대해 생각하고, 함께 했던 추억을 이야기하는 것은 훗날 자라날 세대에게 가족문화에 대해 전해줄 소중한 자리가 됩니다. 제사라는 행위 안에는 이처럼 많은 정서적 교감, 즉, 영혼을 교류할 수 있는 행위가 숨어 있습니다.

부모는 나의 하늘과 땅입니다. 이를 부정하고 사는 이들에게는 바로 설 땅이, 올려다 볼 하늘이 없는 것과 다름없습니다.

취재차 나를 찾아온 작가의 경우도 그랬습니다.

작가는 활발하고 의욕이 넘쳤지만, 마음 한 구석에 남모를 슬픔이 있다는 것을 알 수 있었습니다. 부모님과 담을 쌓고 지낸 지 오래였고, 아버지와는 크게 척을 지고 살아온 그녀는 많이 지쳐있었습니다.

인터뷰를 마쳐갈 쯤 내가 그녀에게 아버지를 천도해주라고 이야기를 건네니, 깜짝 놀라며 말을 잇지 못했습니다.

"아버지가 돌아가셨기 때문에 천도하라는 게 아니라, 작가님 마음 속에서 천도하라는 뜻입니다. 그 분은 그럴 수밖에 없는 분이었고, 또 남이라고 생각하면 은인이지 않습니까? 먹이고 입히고 재워주었으니 남으로 따지자면 최고의 은인입니다. 마음속에서 원망을 떨쳐 내야 작가님의 설 땅과 올려다 볼 하늘이 열릴 수 있습니다."

때때로 부모라는 이유만으로 존경하며 살아가기엔 서로 갈등의 골이 깊은 사람들이 있습니다. 이는 전생에서 시작한 업이 아직 청산되지 않은 탓입니다. 그러나 자신의 뿌리를 부정함으로써 갖게 될 원망과 설움, 기댈 곳 없이 외롭고 쓸쓸해지는 마음을 경계하기 위해서라도 부모와 척지지 않고 사는 삶은 중요합니다. 작가의 경우 아버지와의 업을 조금이라도 내려놓아야 다음 생이 순탄합니다. 바로 나 자신을 위해서이지요.

효는 누구를 위한 것이 아닙니다.
나 자신을 위한 인과의 업을 정리하기 위함입니다. 그러니 부모님과 시간을 함께 보내는 일에 망설이지 말며, 부모님과 늘 교감을 나누면서 적극적인 삶을 살아야 합니다.
자기 자신을 알고 깨치고 싶다면, 부모님을 바라보는 것에서부터 시작하기 바랍니다.

## 영혼을 나누는 종교

나는 항상 종교인이 되지 마시고, 종교적으로 살라고 권유합니다. 신앙인이 되지 말고, 신앙적으로 살라고 이야기하기도 합니다.

내가 머무는 곳이 종교의 성지가 아니어도 종교적인 활동을 멈추지 말기를 바랍니다. 신의 규율에 구속되거나 억눌린 신앙인이 아니라, 믿음과 깨달음에 대한 자각이 있는 신앙적인 삶을 권유하는 것입니다.

이런 이야기를 하면 사람들 중에는 혹시 종교를 부정하는 것이냐며 민감하게 반응하는 이들도 있습니다. 결단코 그것은 아닙니다. 신 자체를 부정하는 것은 큰 무지(無知)입니다. 또한 종교의 순기능을 무시하는 것 역시 아집(我執)일 수 있습니다. 그러나 종교적인 삶이 아니라 종교인으로서 살려는 마음가짐은 분명 경계해야 할 부분이 있습니다.

종교는 일종의 병원이라 할 수 있습니다.
종교는 마음이 가난하거나, 아픈 이들을 끌어당기는 힘이 있습니다. 또한 그들에게 위로를 건네어 스스로 치유될 수 있도록 만드는 힘이 있습니다.
그러나 병이 나으면 환자는 병원에서 퇴원해야 하듯이, 종교의 순기능을 다하면 사람들은 자유로워져야 합니다. 태평양에 사는 물고기처럼 자유로워야 합니다. 그런데 '내 진리가 오직 참이다'라고 하며 울타리를 치고 다른 물고기를 배척한다면 이는 진정 사랑이라고 할 수 없습니다. 진리의 근본은 사랑입니다.

종교보다 더 중요한 것은 바로 '나 자신'입니다. 빛을 발할 수 있는 영혼이 내게 있습니다. 내가 누구인지, 나는 어떤 삶을 살아가고 싶은지, 나의 행복과 불행은 어디로부터 왔으며 어떻게 더 나아질 수 있을지 끊임없이 자기 자신을 들여다보아야 합니다.

무엇이든 그냥 열심히 한다고 해서 이루어지지 않습니다. 흥이 나지 않으면 괜히 힘만 빠집니다. 종교도 예외가 아닙니다. 재미있고 흥이 날 때 좀더 즐겁게 정진할 수 있지 않을까요? 그래서 요즘에는 종교에도 엔터테인먼트가 가미되고 있습니다. 이런 이유로 나는 종교적 활동도 엄숙하고 강직하기 보다는, 서로를 교감하고 소통할 수 있는 시간이 되어야 한다고 말합니다.

예술이 영혼을 위로하기 위해서 시작되었던 것처럼, 영혼 치유를 통해 변화를 꾀하는 종교야말로 가장 예술적이라고 말할 수 있을 것입니다.

가령 영화를 함께 보고, 시를 함께 읽는 저녁만으로도 우리는 그 시간을 함께 공유한 사람들과 순간을, 감정을, 영혼을 교류할 수 있으며, 그것만으로도 종교가 가르치고 있는 수많은 진리를 공유해나갈 수 있습니다.

광적이고 열렬한 신봉보다는 해맑은 마음으로 뛰어 노는 아이들이 더 즐겁고, 행복한 것처럼 종교가 그랬으면 좋겠습니다. 믿음은 자율 안에서 가장 빛날 수 있습니다.

하나님도, 부처님도, 깨달은 모든 성인은 언제나 '자율' 속에 머무를 것을 강조해왔다는 것을 잊지 마세요. 자율 안에서 자유로워질 때 자기 자신을 꿰뚫어 보고 진리를 찾을 수 있는 가장 정확한 방법이 보이지 않을까 합니다.

## 영혼의 르네상스를 위하여

함부로 단언할 수 없는 세상이지만, 내가 한 가지 확실히 이야기할 수 있는 것이 있습니다.

"이것만이 진리다" 하는 것은 결코 진리가 아니라는 겁니다.

아주 오랜 시간 인간은 거대한 자연 앞에서 자신의 생명조차 지켜낼 힘이 없는 나약한 존재였습니다. 언제나 생명의 위협을 받는 초라한 존재였기 때문에 두려움을 극복할 무엇이 필요했습니다. 그래서 자신의 나약함을 위로해 줄 대상에게 기도하였습니다.

때문에 전 세계의 수많은 종교가 영적인 힘을 갖춘 존재를 믿고 있습니다. 저마다 존재의 이름은 다르지만, 그들에게는 공통점이 있습니다. 특정 종파와 종교를 막론하고 우리 모두가 영혼이라는 개념을 이해하고 믿고 있다는 점입니다.

우리는 종교를 떠나 사실은 영적인 힘에 기대어 영혼을 찬양하는 것이고, 영혼을 흠모하고 있습니다.

종교끼리는 철학과 논리 등 서로 초월할 수 없는 부분이 존재하지만 영혼은 그렇지 않습니다. 모든 인간은 저마다 영혼을 가지고 있고, 어떻게 닦고 개발시키느냐에 따라 인간의 삶을 결정해주는 자산이 됩니다. 따라서 모든 영혼은 고귀하며 무한한 가능성을 가진 존재라고 할 수 있습니다.

이는 바꾸어 말하면, 저마다 내재된 영혼을 잘 닦고 개발시킨다면 우리는 모두 자신 안에 깃든 신의 본질, 즉 영적인 힘을 갖춘 존재가 될 수 있다는 뜻입니다.

신이 가진 영적인 힘은 그를 믿고 신봉하는 우리 모두에게 이미 내재되어 있습니다. 다만 나약하고 어리석기 때문에, 한 발 앞으로 나아가지 못하고 있습니다. 때로는 아직 어둡고 혼란스럽기 때문에 그것을 닦아나가야 한다는 사실을 깨닫지 못하거나, 알면서도 실행하지 못하고 있을 뿐입니다.

우리가 모두 신이 될 수 있는 존재라면 종교의 형태는 무의미할 뿐입니다. 낙엽이 떨어지는 것을 보면서도 깨달을 수 있는 사람은 깨닫게 되고 진리를 찾는 것입니다.

나는 영혼의 르네상스를 주장합니다. 우리가 가지고 있는 영적인 힘, 그 가능성을 잘 갈고 닦아 서로 영혼으로 교류할 수 있는 세상이 되어야 합니다. 당신에게 영혼이 있고, 그 영혼 안에 깃든 자신의 본질을 깨달을 수 있다면 그것은 어떠한 종교보다 신성한 영혼의 르네상스 시대로 우리를 이끌어 줄 수 있습니다.

밖에서 진리를 찾기보다는 영혼을 즐겁고 성숙하게 만드는 시간이야 말로 진정한 내적 활동이 아니겠습니까?

나는 영혼의 르네상스가 곧 올 것이며, 그것은 정서적 교감이 우선되는 문화 활동을 통해 서서히 빛을 발할 것이라 믿고 있습니다. 이미 당신은 영혼으로 교감할 수 있는 무한의 능력과 신의 요소를 갖추고 있습니다. 다만 아직 그 단계에 이르지 못했을 뿐입니다. 매미와 나비도 허물을 벗지 못하면 날 수 없듯, 허물만 벗어 던진다면 영혼을 발견하는 일은 그리 어렵지 않을 것입니다.

영혼을 겹겹이 둘러싸고 있는 오해와 고정관념을 벗고, 자기 자신을 통찰하고, 영혼을 찾으려 노력한다면 우리는 하늘을 나는 나비처럼 자유로워질 수 있습니다.

# 갑작스러운 죽음이 닥친다면

높은 나무 위에 있는 둥지 속 새끼 새들은 외부 세계와는 단절된 채 생명을 유지하기 위한 따뜻한 체온과 먹이를 모두 어미 새에 의존합니다.

사람도 마찬가지입니다. 갓 태어나 세상이 두려워도 어머니의 품 안에 있으면 만사가 해결됩니다. 먹이고 입히는 것 모두 어머니가 해결해 주죠. 내가 의지하는 대상이 있다는 것, 즉 어머니의 존재가 바로 종교의 모태요 출발점입니다.

의지할 수 있어 편안하고 위안을 주는 것. 그것이 종교의 존재 이유라고 할 수 있습니다. 하지만 어머니는 나와 늘 함께 할 수는 없으며, 유한한 생명 탓에 시간이 지나면 헤어지고 말지요. 의지의 대상이지만 조건부적이고 시한부적이란 말입니다.

종교 또한 평상시에는 우리를 편안하게 해주고 위안을 줄 수 있을지 모르지만 분명한 한계를 가지고 있습니다.

세 사람의 이야기가 있습니다.
넓은 강을 건너는 나룻배 안에 세 사람이 타고 있었습니다. 스님, 무당, 그리고 선비였습니다. 그런데 갑자기 배가 좌초되어 침몰 직전에 다다랐습니다. 두 사람은 각자 믿는 바에 따라 주문을 외웠습니다. 그런데 선비는 '이중탕'이라고 소리쳤습니다. 두 사람은 의아해서 그게 무슨 뜻이냐고 물었습니다. 그러자 선비는 "나는 원래 선비가 아니라 의원인데, 배탈이 나면 이중탕(理中湯)을 처방합니다. 그래서 스님은 '관세음보살'을, 무당은 '어라만수'를 외우길래, 나도 '이중탕'이라고 주문을 외웠소. 배에 탈이 났으니까…" 하는 것이었습니다.

우스개 이야기이지만 위급한 상황에 처했을 때, 인간은 절대적인 무언가를 찾습니다. 그리고 의지합니다. 때때로 '나'라는 존재를 망각하고 '종교'만을 생각해 왔습니다. 스스로 헤쳐나갈 수도 있는데도 할 수 없는 듯 말입니다.

'관세음보살'을 찾고, '어라만수'를 찾는 게 나쁘지 않습니다. 그렇게라도 해서 마음이 안정된다면 그렇게 해야겠지요. 하지만 무조건적인 의지는 피해야 합니다. 날기를 포기한 새처럼 스스로 내 의지

마저 꺾지 않도록 말입니다.

만약 갑작스런 죽음이 찾아온다면 당신은 어떻게 하시겠습니까?
불교에서는 평상심(平常心)을 가지라고 합니다. 평상심이라는 것은 외부세계에 휩쓸리지 말고 나 자신의 마음에 집중하라는 것입니다.

세상은 고요해도 자신에게 동요가 있으면 세상은 고요한 것이 아닙니다. 반대로 세상이 요동을 쳐도 내 마음이 고요하면 세상은 고요한 것입니다. 중심을 잃지 말고 늘 깨어 있으라는 것입니다.

'나를 찾으면서 그대로 받아들이라.'
그것이 정답인데, 그 경지에 이르는 것이 쉽지 않을 것입니다.

우리가 경(經)을 읽고 기도를 하지만 그 바탕에는 자율적 믿음이 있습니다. 맹목적인 의지가 진정 종교가 바라는 바가 아님에도 그렇게 생각하는 분들이 있습니다. 진짜 '나'를 찾고 그대로 받아들이는 것이 가장 어려운 공부일 것입니다.

## 진짜와 가짜를 구별하는 법

포목점 사장의 이야기입니다.

포목점에서 점원을 채용하면 처음에는 다른 일은 시키지 않는답니다. 가게에서 제일 좋은 물건을 보고 만져보게 합니다. 속까지 꼼꼼하게 살펴보고 합니다. 품질이 좋은 원단을 판별할 줄 알아야 질이 안 좋은 원단과 흠집 있는 원단을 집어낼 수 있습니다. 그래야 업자에게 속지 않고, 손님을 대할 때 가게의 신용이 떨어지지 않는다고 합니다.

하지만 사람은 원단과 다릅니다. 물건과 달리 사람은 속까지 볼 수가 없습니다. 그 사람의 배경이나 가진 것으로 판단하기가 쉽습니다. 겉모습에 속아 진실한 사람인지 아닌지 제대로 알지 못합니다.

세상에는 가짜 같은 사람이 많아 나는 선을 볼 때 호텔에서 만나지 말고 해수욕장에서 만나라고 웃으며 말합니다. 둘러싸인 것에 속지 말고, 그 사람 하나만 보라고 권합니다.

진짜와 가짜를 구별하기는 쉽지 않지만 포목점 점원처럼 느낌으로 알아야 합니다. 질 좋은 원단에서만 느낄 수 있는 감(感)처럼, 사람에게도 감(感)이라는 것이 있습니다. 그렇게 하려면 자기 마음을 먼저 가라앉히고 많은 사람을 만나봐야 합니다.
화려함에 속지 말고, 누구누구 말에 속지 말며 항상 내 자신의 분별력을 키워야 합니다.

내 마음이 바르지 않으면 참 나를 발견할 수가 없습니다. 진짜를 발견할 수가 없는 것이죠. 진짜를 알아야 가짜에 속지 않습니다.

자기 자신이 진짜가 되어야 합니다. 그것만이 진짜와 가짜를 구별하는 방법입니다.

## 바위는 바위대로의 삶이 있다

믿음이란 참으로 숭고하고 대단한 힘을 지니고 있습니다. 때문에 타인에게 깊은 감명과 용기를 전하기도 하고 무엇보다 자기 자신에게 삶의 용기를 불어넣는 수단이 되어주기도 합니다. 하지만 그저 '믿는다'는 자세에서 벗어나 구원에 대한 욕심을 가지는 순간, 믿음은 변질되고 맙니다.

흔히 종교인들이 가지는 생각 중 가장 위험한 생각이 바로 모두를 구원으로 인도하겠다는 마음입니다. 교리에 따른 통일된 하나의 방법으로 구원한다는 그 생각은 분명 문제가 있습니다. 사람마다 업장이 다르고 살아온 인생이 각각 다른데, 일률적인 삶을 강조하는 것은 단순히 맞지 않는 옷을 입는 것에 그치지 않습니다. 자칫 사회가 혼란할 수 있습니다.

그러면 진정한 믿음은 무어라 생각하십니까? 각자의 삶에서 종교적인 생활을 하는 것이 최선이라 할 수 있습니다.

바위는 그 자신이 묵묵히 산골에 박혀 있을 때 바위이며, 계류(溪流)는 그 바위의 곁을 경쾌한 소리로 흐를 때 계류인 채로 살아갈 수 있습니다.

만약 이들이 서로의 모습이 더 낫다고 여겨, 바위에게 계류처럼, 계류에게는 바위처럼 살아가기를 강권한다면 어떤 일이 벌어질까요? 바위는 부서져 흔적도 없이 사라질 것이고, 계류는 고여 썩은 물이 되겠지요.

우리 모두는 각자의 업에 따라 숙제를 부여 받았고, 이를 해결해 가고 있는 과정을 '삶'이라는 시간 속에서 경험하고 있습니다. 그것이 종교인이라고 해서 다를 것이라고 생각한다면 큰 착각입니다.

아무리 훌륭한 성직자의 삶을 그대로 따라한들 마더 테레사가 되지 않으며, 또 다른 부처님과 예수님이 나올 수 없습니다. 그들 역시 그들만의 길을 걸어갔을 뿐입니다.

우리는 모두 자신만의 길을 가지고 있습니다. 전생과 현생에서 걸어온 길이 천차만별이기에 짊어지고 있는 자신의 업장은 자신만의 것입니다.

나의 의식을 깨우는 것이 우주의 의식을 깨우는 것이며, 나의 비밀을 풀어내는 것이 우주의 비밀에 다가서는 일임을 깨닫는다면, 영혼은 한 단계 성숙한 진화의 길로 나아갈 수 있을 것입니다.

## 한 떨기 꽃이 가진 의미

종교가 없는 사람도 마음속으로 간절히 바라는 것이 있으면 자연스럽게 신을 찾거나, 기도를 하게 됩니다. 본능적으로 우리는 무엇을 바랄 때, 경건하게 기도하는 습성이 내재되어 있는 듯 합니다.

선원(禪院)을 찾아오는 분들에게는 저마다 간절히 원하는 게 있습니다. 처음에는 이런저런 얘기하지만 대개는 사사로운 이야기들입니다. 사업이 잘 되었으면, 자녀가 좋은 대학에 합격했으면, 결혼을 하지 못한 자녀의 짝을 구했으면, 눈앞에 닥친 막막한 일들이 무사히 넘어가길 바랍니다.

기도는 우선 그와 같은 사사로움으로부터 멀어지는 것부터 시작해야 합니다. 기도가 수행의 한 방법이 될 수 있도록, 나를 깨우치는 발판으로서 활용할 수 있어야 합니다. 즉, 기도를 통해 스스로를 발견하고, 자신이 누구인지 알아가는 시간을 가지는 것이 중요한데, 본래의 목적은 잊어 버리고 기도가 그저 구복(求福)의 모습으로 변해가는 것이 안타깝습니다. 이런 기도는 바람직하지 않습니다.

오래 전 선원(禪院)에 아들의 대입 합격을 기원하며 기도를 하던 여인이 있었습니다.
그녀는 요란스러운 흔적 한 번 없이, 조용히 기도를 하고 돌아가는 것으로 유명했습니다. 매일 선원(禪院)을 지키는 나조차도 그녀가 다녀갔다는 사실을 불단(佛壇) 위에 올려진 꽃을 보고 알 정도였습니다.

하지만 그녀의 간절한 기도에도 불구하고 수능에서 좋은 성적을 내지 못한 아들은 그해 대학에 떨어지고 말았습니다. 모두들 그녀가 낙심할까 걱정할 때, 그녀는 다시 조용히 선원(禪院)에 나와 꽃 하나를 올리는 것으로 여느 때처럼 기도를 할 뿐이었습니다.

아무런 상심의 말도, 원망의 표정도 없이 차분한 기도를 이어가는 그녀에게 사람들이 위로를 건네자 그녀는 이렇게 대답했습니다.
"제 기도가 이루어지지 않았다면, 그건 제 기도가 부족한 탓이겠지요. 아이의 미래를 위해 또 다른 큰 뜻이 준비되어 있다는 것 아닐까요?"

담담한 목소리로 다시 기도에 집중하는 그녀의 모습은 불단에 올려진 한 송이 꽃처럼 평온하고 아름다웠습니다. 여인의 정성이 통했는지 이듬해 아들은 명문대에 합격하였습니다. 그때에도 여인은 호들갑스러운 자랑 대신 조용히 감사함을 읊조렸습니다.

이처럼 매년 입시철이 되면 전국의 이름난 절과 교회, 그리고 성당에 많은 어머니들이 모여 기도합니다. 하지만 간절한 기도에 대한 결과는 모두 같지 않습니다. 이때 어머니의 기도 내용을 들어주지 않았다면 신을 원망해야 하나요?

그저 꽃 한 송이를 올려놓던 여인처럼 자신의 마음을 바로 세우는 시간을 기도라 생각한다면, 소원의 성취 여부에 연연하여 원망을 품는 일은 결코 없을 것입니다.

이미 내게 다 주어졌음을 알고, 불단에 올린 꽃 한 송이처럼 다 내려놓았음을 깨달은 사람은 결코 떼쓰는 철부지처럼 기도하지 않을 것입니다.

## 모든 성공의 시작은 사랑

예수님 말씀에 믿음, 소망, 사랑 중 제일은 사랑이라는 말이 있습니다. 교인들에게는 물론, 대부분의 사람들에게 익숙한 말일 텐데도, 실제로 예수님이 말씀하신 이 사랑의 의미를 아는 분들은 많지 않은 듯합니다.

여러분은 홀로 있음을 사랑하고 있습니까? 누군가 나를 사랑해 주지 않는다고 슬퍼하고, 외로움과 애정에 대한 결핍으로 힘들어 하지는 않습니까?

스스로 혼자 설 수 있는 사람만이 자신의 운명과 겨룰 수 있습니다. 내가 살아가기에 부적합한 세상이라고, 나를 어여쁘게 봐주는 부모가 없다고, 내 능력을 알아봐주지 않는 직장이라고 모든 것이 내 애정과 욕망을 채워주기엔 부족함 뿐이라고 탓만 하는 사람은 진정으로 자신을 사랑해본 적이 없는 사람입니다.

시대를 탓하는 사람은 자신의 터전을 부정하는 사람일 것이고, 부모를 탓하는 사람은 자신의 근본을 부정하는 사람이며, 직장을 탓하는 사람은 그저 불평밖에는 할 줄 모르는 사람입니다.

가장 소중한 것은 내가 사는 이 자리를 있는 그대로 받아들이고, 온전히 사랑해주는 일입니다. 부모와, 직장과, 시대를 부정하며 현재를 부정하는 사람에게는 오직 가뭄뿐일 텐데 어떻게 아름다운 사랑의 열매가 맺어질 수 있겠습니까?

사람은 항상 극복을 통해 살아가야 하고, 오직 자기 자신만이 풀 수 있는 숙제를 통해 자신의 향기를 채운 꽃을 피울 수 있어야 합니다.

타인으로부터 무언가를 채우거나, 외부에서 문제를 해결하려는 태도가 아닌, 현재의 자신을 있는 그대로 사랑하는 태도야말로 사랑의 근본이자 인생을 행복하게 살아갈 수 있는 열쇠입니다.

무엇도 탓하지 않는 마음으로 있는 그대로의 자기 자신을 사랑해 나간다면 어떤 역경도, 고난도 그저 한 생각 속의 풍랑이라 여길 수 있습니다.

인생에서 구도의 여정은 끝이 없지만, 무엇보다도 자기 자신을 사랑하는 사람은 캄캄한 밤하늘 속에서도 빛나는 새벽 별을 볼 수 있는 여유와 성숙함이 있기에, 인생마저도 사랑으로 꽃피울 수 있는 것입니다.

## 더하지도 덜하지도 않은 사람으로

오래전 겨울 함평 부근을 지날 때의 일입니다.

온 세상이 하얀 눈으로 뒤덮여 세상의 경계가 모두 사라져 있었습니다. 30센티미터는 족히 내렸을 폭설의 풍경에 그만 한참이나 넋을 놓고 차창 밖을 구경하고 있었습니다.

하지만 낭만도 잠시, 곧 문제가 발생했습니다. 몇 시간째 목적지로 가는 길을 찾지 못해 헤매게 된 것입니다. 이 길이 맞는지, 저 길이 맞는지 겨우 길을 찾았다 싶으면 다시 눈밭이나 산으로 들어가는 일이 반복되면서 피로감이 몰려오기 시작했습니다.

그런데 가만히 살펴보니 그 하얀 눈밭을 가르며 길을 가리키는 이정표가 있었습니다.

바로 전신주였습니다.

도시와는 다르게 아직도 시골에는 전신주가 길을 따라 얌전히 놓여 있는 일이 많습니다. 그 전신주를 따라 논 사이로 난 길을 꾸준히 달리다 보니, 어느새 목적지에 무사히 도착할 수 있었습니다. 전신주 덕을 톡톡히 본 것입니다.

그 때 내 나이 약 서른 아홉쯤이었는데 내게 강렬한 깨달음을 주었습니다. 이후 처음 선원(禪院) 문을 열 때에 나는 꼭 전신주 같은 사람이 되어야겠다고 다짐했습니다.

'전신주 같은 사람만 되어도 좋겠다.'

아무리 영혼을 닦고, 깨달음을 추구하는 삶을 살아간다 해도, 사람 사이의 문제만큼은 내 마음대로 할 수 없었습니다. 모두 저마다 인연의 줄이 있고, 쌓아온 복이 달라 마음처럼 이끌어줄 수 없기 때문입니다.

결국 타인과의 관계에서 얼마만큼 적극적인 자세를 취할 것인지는 그리 중요하지 않았습니다. 정을 아무리 주어도 떠날 사람은 떠나고, 아무리 붙들어도 정해진 목숨은 붙잡을 수 없었으며, 더욱이 사랑이 깊어지면 깊어질수록 더 빨리 헤어짐을 맛보았습니다.

하지만 그 해 겨울 눈 밭 위에 의연히 서있던 전신주 같은 삶이라면, 헤어짐에 연연하지도, 가슴 아파 애석할 일도 없지 않을까요?

눈으로 뒤덮여 길이 보이지 않는 그곳에서 가만히 길을 안내해주던 전신주처럼, 말없이 세상의 두터운 바위가 되어주고, 그저 자리를 지키는 것만으로 서로의 존재감을 확인한다면, 더하지도, 덜하지도 않은 이정표처럼 살아갈 수 있다면 인간 관계에 연연하며 아파할 일은 없을 것이라 생각했습니다.

## 깨어있는 사랑

영가(靈駕)를 만나 이야기를 나누다 보면, 모든 감정과 의식의 시작이 사랑으로부터 시작되었다는 것을 알 수 있습니다.

돌이켜보면 곡절 많은 인생 속에서 우리를 가장 힘들게 했던 것은 사랑 때문이었습니다. 나 역시 어린 시절 일찍 여의었던 아버지에 대한 사랑을 마음에 품은 채 평생을 살아 왔고, 사소하게는 나와 관련한 모든 사람들에게 제때에 사랑을 베풀며 살기 위해 참 많은 애를 써왔습니다.

여러분도 마찬가지일 거라 생각합니다.
얽히고설킨 인간관계 속에서 증오도, 미움도, 원한도, 회한조차도 모두 다 사랑 때문에 가지게 되지 않았습니까? 미움도 사랑했기에 시작되었을 것이고, 그리움도 사랑했기 때문에 가질 수 있는 마음이었습니다.

이처럼 사람은 사랑에 울고 웃는 존재인지라, 죽어서까지도 사랑의 감정을 놓지 못하며, 살아서도 죽은 이들에 대한 사랑을 멈추지 못하곤 합니다.

따라서 영혼의 영원성에 비하면 찰나에 불과할 이 삶속에서 사랑을 잘 다스리고, 잘 베푸는 것이야 말로 우리가 가진 의식을 잘 쓸 수 있는 시작이 되기도 합니다.

깨닫지 못한 자의 사랑에는 아주 많은 혼탁함이 섞여 있습니다. 단순히 '에로스'만이 사랑이 아니고, '플라토닉 러브'만이 사랑은 아닌 것처럼 미움과 증오가 섞인 사랑, 살의를 느끼는 사랑, 분노에 가득 찬 사랑, 질투로 얼룩진 사랑 등등. 사랑을 우아하게 누리고 베풀기보다는 마치 퍼붓는 장마처럼 남발하는 사랑이 더 많기도 합니다.

나 자신이 우주를 움직일 의식의 주인공이며, 내 영혼의 주체인 것을 깨달았다면, 사랑 또한 그처럼 의식을 갖춘 자의 자세로 할 수 있어야 합니다.

사랑은 마냥 주기만 한다고 해서 좋은 사랑이 아니며, 절제한다고 해서 감춰지는 것도 아닙니다. 그렇지만 그 거대한 폭풍우를 다스릴 주인도 결국은 바로 나입니다.

우아하게 사랑해야 합니다.
사랑하되 사랑한 바가 없는 그 역설의 자세를 부디 영혼의 깨달음을 통해 배워 나갈 수 있기를 바랍니다.

# 내 어머니의 기도

모세가 길을 가다가 한 범부(凡夫)의 기도를 듣게 되었습니다. 그 사람의 기도 내용이 너무나도 유치하여 모세는 자기가 알고 있는 하나님의 율법대로 기도하는 법을 가르쳐 주었습니다. 그리고 돌아오는 길에 하나님의 음성이 들려왔습니다.

"너로 인해 세상에서 가장 간절한 기도를 듣지 못했노라."

30년 전 의성군에 있는 고은사라는 절에서 80대 할머니 한 분을 만난 적이 있습니다. 기도를 마친 할머니가 나에게 옛날 얘기를 하셨습니다. 할머니가 젊었을 때 아들이 징용으로 일본의 탄광으로 끌려갔다고 합니다. 아들이 걱정된 할머니는 스님에게 아들이 무사하기를 바란다면 부적 하나를 써 달라고 부탁했습니다. 스님은 장난으로 부적은 필요 없고 매일 새벽에 동쪽을 향해 아들 이름을 세

번 부르면 된다고 했습니다.

할머니는 스님의 말을 믿고 매일 새벽에 일어나 동쪽을 보고 큰 소리로 아들 이름을 불렀습니다. 동네 사람들도 처음에는 시끄럽다고 말하다가 나중에는 그러려니 하고 넘어갔습니다. 그 후 해방이 되고 아들은 무사히 집으로 돌아왔습니다. 돌아온 아들은 어머니를 보고 자신이 겪은 이야기를 했습니다.

"어느 날 새벽에 탄광 갱내에서 일을 하는데 어머니 목소리가 들렸습니다. 환청인가 하여 무시했는데 계속해서 들리는 것이 이상하여 혹시나 하여 밖으로 나왔습니다. 그 순간 탄광의 갱이 무너져 갱내에 있던 사람들은 다 죽었지만 저만 살아남았습니다."

믿거나 말거나 한 얘기지만 할머니는 그때까지도 그 스님 덕분에 자식이 살아 돌아왔다고 생각하고 있었습니다. 하지만 나는 스님 덕분이 아니라 그 할머니의 간절한 기도가 통한 것이고, 그 간절함이 일본까지 전달된 것이라고 생각합니다.

할머니처럼 옛날 어머니들은 단순하였고 형식에 구애 받지 않았습니다. 절에 다니다가 다리가 아프면 가까운 동네 교회에 다녔고, 그것도 불편하면 뒤뜰에 정한수 떠 놓고 기도를 하였습니다. 당신에게는 다 같은 것이고, 종교는 그냥 언제나 벗을 수 있는 외투와도 같은 것이었습니다. 기도만 통하면 된다고 편하게 생각하였습니다.

그것이 어머니의 기도였습니다.

그 옛날 어머니들은 배운 것은 없어도 누구보다도 세상의 이치를 깨치고 계셨습니다. 간절한 마음이면 일념통천(一念通天)한다고 했던가요? 지성이면 감천이고, 도량의 장소는 중요하지 않았습니다. 한 마음이면 이치가 통하는 것이니 형식도 문제가 되지 않았습니다.

꽃의 향기는 백리를 가고, 술의 향기는 천리를 가고, 사람의 향기는 만리를 가고도 남는다고 했습니다. 그러면 어머니의 향기는 얼마나 멀리 갈까요?

# 분별과 차이를
# 인정하라

얽힌 실타래를 풀기 위해 억지로 힘을 가하면 이내 더 엉켜버리거나 끊겨 버렸던 경험을 누구나 해보았을 것입니다. 꼬인 문제를 내 마음대로 풀려고 시도하다가 영 손을 쓸 수 없는 상태로 만들어 버린 것입니다. 꼬인 채로, 얽힌 채로 그대로 두었다면 시간이 해결해 줄 것이고 적어도 영영 망가지는 일은 피할 수 있었을 겁니다.

인간관계도 이와 같습니다. 나는 '내버려 두라'의 자세가 최고의 상생(相生)이라 강조합니다.

담장을 타고 오르는 넝쿨이 아름다운 이유는 서로 얽히고설키어 튼튼한 넝쿨더미를 이루며 상생을 이루기 때문입니다. 만약 넝쿨이 서로 엉키지 못하도록 힘을 가해 떨어뜨려놓으면 어떻게 될까요?

넝쿨이라는 존재의 본질을 잃어버릴 뿐 아니라, 넝쿨은 더 이상 넝쿨로서 살아갈 수 없을 것입니다. 곧은 것이 아무리 좋다고 해도, 넝쿨에게까지 좋을 수는 없습니다.

사람 사이의 갈등도 마찬가지입니다. 누군가와 갈등을 겪고 있다면, 그것은 갈등이라기보다 그저 내 마음에 들지 않는 일일 수 있습니다. 내 관점에서의 선(善), 내 방식의 정(正), 내 생각 속의 옳고 그름이 과연 모든 사람들에게도 적용될 수 있는 가치일까요?

넝쿨에게는 곧고 바르게 자라나는 일이 결코 맞는 방식이 아닌 것처럼, 누군가와 갈등은 사실 상대방이 무엇을 잘못하고 있다기보다 내 방식대로의 삶을 그에게 강요하느라 생겨난 불협화음인지도 모릅니다. 즉, 서로 다르더라도 있는 그대로 두었다면 아무 문제도 없었을 일을 괜스레 내 방식대로의 삶을 강요하느라 상대방의 미움을 사고, 마음을 상하게 만들고, 또 내 뜻대로 되지 않는 상대방 때문에 서운함을 느끼면서 갈등이 생겨나는 것이지요.

내 생각을 남에게 강요하지 마세요. 사람마다 생각하는 바가 다릅니다. 그냥 그대로 인정해 주면 됩니다. 종교의 다름을 인정하지 않고, 분별과 차이를 인정하지 않으면 좋은 관계도 파탄으로 갈 수밖에 없습니다. 마치 넝쿨을 쭉 펼쳐 결국 살 수 없게 만드는 것과 같습니다.

갈등을 인정하는 자세야 말로 최고의 상생이며, 가장 아름다운 화합입니다.

서로 얽혀 담장을 오르면서 한 여름 뙤약볕을 피할 수 있는 그늘과 쉼터를 만드는 넝쿨처럼, 타인의 자율을 인정하는 자세에서 비로소 상생의 뜻이 피어납니다.

## 빚어낸 듯한 말하기

유명대학에 재직 중인 한 교수의 이야기입니다.

그는 인생에 큰 영향을 준 부모에 대한 이야기를 자주 이야기 했습니다.

초등학교에 다니던 그는 학교에서 받아쓰기 시험을 보고 돌아왔습니다. 저학년이었던 그는 10 문제 중에 고작 2개를 맞춰 20점이라는 낙제 점수를 받아, 아버지에게 혼이 날 생각에 걱정을 하고 있었습니다. 하지만 아버지는 그를 나무라지 않았습니다. 그리고 예상과는 달리 이런 말씀을 하셨다고 합니다.

"그 녀석! 참 신기하다. 어떻게 2개나 맞췄니?"

그 말이 어린 아이였던 교수의 마음을 움직였고, 공부에 흥미를 가지고 지금까지 열심히 학문에 매진 할 수 있게 되었다고 합니다.

자세가 좋지 않아 늘 허리가 굽어 있는 사람이 있습니다. 만약 그에게 "허리 좀 피고 다녀라!" 라고 꾸짖는다면 그 순간에는 말을 듣고 허리를 폅니다. 그러나 시간이 지나면 본래의 습관대로 돌아가고 맙니다.

스스로 문제를 깨닫지 못한 이에게 직설적인 표현을 한다면 듣는 이는 조언을 고맙게 받아들이기는커녕 당신을 경계하기 마련입니다. 애정이 담겨있지 않은 말 한마디가 관계를 망쳐버리고 상대방의 마음을 상하게 만듭니다.

따라서 아무리 사랑하는 사이라도 타인에게 조언을 건넬 때는 두 가지 원칙을 지켜야 합니다. 우선 때를 기다리고, 긍정적인 말로 격려해주는 것입니다.

같은 말이라고 하더라도, 허리를 구부린 사람을 꾸짖으며 "너 허리 좀 펴고 다니라고 하지 않았냐?" 라고 말하는 사람과, 그 사람이 허리를 핀 어느 날, "너 허리를 펴니까 훨씬 늘씬하고 보기 좋다. 멋진데?" 라고 말하는 사람이 있다면 어느 사람 말을 기쁘게 받아들일까요?

허물을 보면 때를 기다리고, 상대가 허물을 벗어나려고 작은 노력을 시작하면 크게 칭찬해주십시오.

말 한 마디로 은인이 될 수도, 악인이 될 수도 있는 것이 세상의 일이니, 침 뱉듯 말하지 말고 빚어내듯 말해야 합니다.

# 문화를 통한
## 영혼의 소통

앞서서 나는 문화가 종교보다 우선함을 강조했습니다.

여러분이 가볍게 즐기는 영화 한 편 속에도 수많은 성인(聖人)들이 이야기하고 전달하고 싶어했던 철학과, 도덕, 가치관과 관념들이 섞여 있는 것처럼 문화는 단순한 퍼포먼스만은 아닙니다.

영화를 함께 본 사이에는 같은 장소 안에서 같은 정서를 공감하고 나누었다는 친밀감이 형성됩니다. 이웃에게 영화 표 한 장을 건네는 일이 친밀감을 갖는 쉽고 빠른 길입니다. 친밀감은 다른 말로 하자면 정서적 교감이고, 이는 곧 영혼을 트이게 하는 시작이 되기도 합니다.

정서를 공유할 수 있고 서로의 이야기를 이해하고 포용할 수 있다면 우리는 영혼끼리 소통하고 있다고 느끼게 될 것 입니다.

　한 가족의 이야기를 하겠습니다.
　천도의식을 행하던 중 나타난 영가는 살아생전 그랬던 것처럼 여전히 밝았습니다. 즐겁게 잘 지내고 있다는 그의 말을 전해들은 가족들은 무척 안심했습니다.
　이제 마지막 의식을 하려는 찰나, 영가는 내게 생전에 좋아했던 대중가요를 부탁했습니다. 나는 선뜻 그 노래를 들려주었고, 노래를 들은 영가는 어리둥절해하는 가족들을 남기고 법당을 떠났습니다. 가족들로서는 구명시식의 마무리 의식을 기대했다가 대중가요를 틀고 기도하는 내 모습에 조금은 허탈한 감정을 느낄 수밖에 없었을 것입니다.

　하지만, 영가는 생전에 그랬듯 노래를 흥얼거리며 여흥에 취했고, 편안히 자신이 가야 할 곳으로 돌아갔습니다. 들려준 노래 한 곡이 영가의 마음을 흡족하게 만들었고, 나와도 큰 교감이 이루어진 것입니다.

　위로를 받는다는 것은 그리 복잡하고 어려운 일이 아닙니다. 굳이 엄숙하고 깐깐한 종교적 의식을 빌리지 않더라도, 우리는 서로 말하고 함께 있는 것만으로도 영혼을 나누었다고 말하지 않습니까?

실제의 영혼들도 마찬가지입니다. 종교 의식이 아니더라도 우리는 서로의 감정을 엿보고 통할 수 있는 아주 손쉬운 방법을 이미 잘 알고 있습니다. 함께 밥을 먹으며 이야기하고, 함께 영화를 보며 정서를 나누고, 노래 한 곡에 여흥을 실어 추억을 쌓는 일이 영혼을 나누는 일입니다.

영혼이 서정과 낭만에서 멀어지지 않도록 많은 시간을 이웃과, 연인과, 가족과 함께 나누는 일이 바로 영혼을 충만하게 할 수 있는 가장 좋은 방법임을 깨닫기 바랍니다.

## 태평양을 건너는 새처럼

지금 세계 곳곳에서는 종교로 인한 분쟁이 한창입니다. 이런 분쟁 속에서도 종교의 순기능은 분명 존재합니다.

우리는 살면서 이런저런 일로 상처 입기 마련이고, 그 상처를 위로해 주고 치유해 줄 무언가를 필요로 합니다. 대개는 가족으로부터 위로 받거나, 아니면 친구를 비롯한 지인들로부터 행복한 추억을 나누며 치유해 나갈 수 있습니다. 하지만 굴곡진 인생을 살면 살수록 고민은 간단치 않고, 상처도 쉽사리 치유되지 않는다는 걸 깨닫게 됩니다. 병든 마음과 몸을 쉬게 할 절대적인 대상을 원하게 되죠.

종교는 바로 그런 위치에 있습니다.
상처, 죽음, 허망함, 갈등 따위의 가치보다 삶의 본질을 발견하게 하는 것, 어떻게 사는 것이 바르게 사는 방법인가를 일러주고 어떻게 죽음을 맞이해야만 사후의 세계를 의미있게 출발하느냐를 일러주는 종교의 위치는 분명 존재 자체로서 중요합니다.

하지만 종교는 병원이나, 선생님의 역할을 할 뿐 '나'라는 존재의 만능 해결사는 아닙니다. 바른 삶을 살아가야 하는 주체도 궁극적으로 '나'이고, 무엇이 바르고 옳은 길인지 깨달아야 하는 것도 '나'입니다.

그런 '나'의 주체성을 멀리 하고, 어떤 종파가 우월하고 어떤 종파는 안 된다는 종교의 아집에 빠져 또 다른 업을 쌓는 것은 바람직하지 못합니다.

기독교든 불교든 심지어 미신이라고 평가 받는 굿이라 할지라도 믿는 사람들의 정신과 육체를 안식으로 이끌 수 있다면, 그것들은 이미 종교의 목적을 다하고 있다고 할 수 있습니다. 따라서 종교가 주고 있는 그 위안을 충분히 누리고 그로써 심신을 정화했다면 이제는 종교를 초월하고 자신만의 자아를 발전시켜 나가야 합니다.

바로 내가 이 자리에서 무엇을 어떻게 할 것인지를 고민하는 것입니다. 이를 위해서는 '나'라는 존재를 우선 알고, 그 존재의 '주체성'을 깨닫고, 이를 '영혼'이라는 주체의 본질로까지 발전시킬 수 있다면 좋겠습니다.

새장에 갇힌 새가 아니라, 저 태평양 바다를 건너 갈 수 있는 새처럼 훨훨 날아 자유를 만끽 할 수 있다면 얼마나 행복할까요?

글을 마치며

# 어느 날 당신에게
## 영혼이 보이기 시작한다면

처음 글을 시작하며 자칫 이 책이 엉뚱한 파문을 일으키게 되진 않을지 두려움과 걱정이 앞섰습니다.

어느 날 갑자기 영혼이 내 눈앞에 나타났을 때―정확하게는 영혼은 언제나 우리 주변에 있었지만 내가 영혼을 처음 보게 되었을 때―나는 그저 평범한 어린 아이였습니다.

때문에 나는 무척 어리둥절하고 당황스러웠습니다. 그들을 '귀신'이라고 생각하진 않았지만 직감적으로 이곳의 사람들은 아니라는 확신을 가졌던 기억이 납니다. 그 길로 어머니에게 달려가 낯선 이들의 존재를 알렸지요.

어머니의 손을 잡고 다시 그곳에 갔을 때 나는 또 한 번 어리둥절

할 수밖에 없었습니다.

"얘, 아무 것도 없는데 왜 그래? 대체 누굴 본 거야?"

당황하는 어머니와는 달리 여전히 내 눈에는 남루한 행색의 영가들이 보였습니다. 물론 그들이 영가인 줄은 알 수 없었지만, 분명 내게는 실존하는 대상이었던 것이지요.

'어머니가 장난을 치실 일도 없는데, 왜 이들이 안 보인다고 하실까?'

그때 내가 느꼈던 감정은 두려움이나 무서움이 아니라 답답함이었습니다. 남루하고 지쳐 보이는 그들에게 어떤 위로도 건넬 수 없는 나의 처지. 그들로부터 어떤 말도 들을 수 없는 그 순간이 얼마나 답답했는지 모릅니다.

그 순간부터 그들의 존재는 내게 큰 화두가 되었습니다.
고작 예닐곱 살이었던 내게 영혼이니, 영가이니, 깨달음이니 하는 개념이 있을 리 만무했지만 한 가지 열망은 분명했습니다. 이곳의 사람들이 볼 수 없는 사람들, 나와 다른 차원에 놓인 저들과 소통하는 일만은 해결하고 싶다는 열망이 바로 그것이었습니다.

물론 이 책에 적은 것처럼 단숨에 해결할 수 없는 숙제였음을 다시금 절감합니다. 그 호기롭던 열망을 해결하기 위해 얼마나 많은 번뇌와 수행을 거듭해야 했는지, 그 과정 안에서 또 얼마나 많은 '나'와 마주하고 깨달아야 했던지요.

그것이 오래전 전생으로부터 새겨진 내 영혼의 숙제인 줄 그때는 미처 몰랐지만, 그때의 답답함을 대신해 더 많은 영혼들과 교류했다면 좀더 일찍 오늘의 이야기를 시작할 수 있었을지도 모르겠습니다.

무엇보다 어릴 적 내가 그랬던 것처럼 지금 이 순간 평범한 어떤 사람에게, 평범한 어떤 하루들 속에서 영혼은 시시때때로 우리들과 만나고 있을지도 모릅니다.

어느 날 갑자기 당신에게 영혼이 보이기 시작했을 때, 나는 그 소중한 순간이, 그 특별한 경험이 답답함 대신 유리창을 닦아내고 싶다는 열망과 깨달음으로 당신을 안내하길 기도합니다.

이 책을 통해 누군가가 영능력을 갖게 되지는 않겠지만, 우리 곁에는 영혼이 존재한다는 것, 자신의 영혼이 오늘의 자신을 만들어 왔다는 사실을 스스로 체득하고 느낄 수 있었으면 합니다.

어느 날 갑자기 당신 앞에 영혼이 보이기 시작한다면, 당신은 어떻게 하시겠습니까?
이 책의 마지막 장을 넘길 때가 되면 아마 당신은 영혼에 대해 갈등하거나 고민하지는 않으리라 생각합니다. 무언가 가슴으로 느끼는 게 있을 거라 생각합니다.

  당신이 생각한 그 해답을 내게도 들려주시겠습니까? 언제나 그런 것처럼 나는 이 유리창 안과 밖의 소통이 완성될 때까지 묵묵히 기다리겠습니다.

2014년 가을

차 길 진 씀

엮은이의 글

영혼에 대한 책은 다양한 시각과 경험으로 여러 종류가 서점에 나와 있다. 그 많은 책들 중 우리나라 사람의 책은 거의 없었다. 그 가운데서 나를 사로잡은 것은 지중해의 섬나라 키프러스에 실존했던 스틸리아노스 아테쉴리스(Stylianos Atteshlis)라는 신유가(神癒家)이며 영능력자의 이야기였다. 그 책을 읽으면서 우리나라에도 이런 사람이 분명 있을 텐데 하는 생각이 내 머리를 떠나지 않았다. 그러던 차에 차길진 씨를 만났고 그의 칼럼과 저술을 대하면서 속에서 가만히 욕심이 올라오기 시작했다.

차길진 씨는 이미 많은 책을 저술했기에 새삼 내가 또 책을 만들 필요가 있을까 하면서도 엮고 싶은 욕망은 쉬이 가라앉지 않았다. 처음 차길진 씨의 글을 엮어보겠다고 했을 때 그냥 며칠 고생하면 될 거라고 생각했다. 그 분의 글을 정리만 하는 정도라 생각했는데 시간이 가고, 글을 읽으면 읽을수록, 한 줄 한 줄을 써 내려 갈수록 내가 모르는 것이 너무나 많다는 것을 알았다. 30여 년 동안, 아니 그 이상의 경륜을 정리한다는 것이 처음부터 무리였나 할 정도로 힘에 겨웠다. 너무 쉽게 접근한 것은 아닌지 후회가 들 때도 있었다.

읽으신 분들도 공감하겠지만 영혼이라는 낯선 내용과 우리와는 사뭇 다른 차길진 씨의 폭넓은 영혼 철학은 엮는 이로서도 그 깊이에 때때로 한계를 느끼지 않을 수 없었다. 사명감이 없었다면 아마 중도에 포기했을 것이다. 엮으면서 느낀 점은 '영혼은 결코 나와 먼 얘기가 아니다'라는 것이다. 엮는 것 자체도 쉽지 않은 작업이었으니 우리에게도 이런 책의 필요성을 느끼고 편하게 읽었으면 한다. 그리고 이 책이 국내뿐 아니라 번역이 되어 세계인이 함께 읽었으면 한다.

영혼은 비자 없으니 말이다.

어느 날 당신에게
영혼이 보이기 시작한다면

**1판 2쇄 발행**   2015년 2월 4일

**지은이**   차길진
**엮은이**   채수빈

**펴낸 곳**   도서출판 후아이엠
**주소**      서울특별시 종로구 대학로 11길 23
             (서울특별시 종로구 명륜4가 113-1, 스타시티빌딩 5층)
**전화**      070-8872-1618
**팩스**      02-414-5507

**ISBN**      978-89-965536-8-7

ⓒ 차길진(저작권자와 맺은 특약에 따라 검인은 생략합니다)

이 책의 저작권은 저자와의 독점 계약으로 후아이엠에 있습니다.
저작권법에 의해 한국 내에서 보호를 받는 저작물이므로
무단전재와 복제를 금합니다.